Stefan Ragus, Jörg Berkes, Achim Berkes

Schach ist Fun!

Stefan Ragus, Jörg Berkes, Achim Berkes

Schach ist Fun!

Lokay-Druck Reinheim/Odenwald

Bibliographische Information Der Deutschen Bibliothek:
Die Deutsche Bibliothek verzeichnet diese Publikation in der Deutschen Nationalbibliographie; detaillierte bibliographische Daten sind im Internet über http://dnb.ddb.de abrufbar.

Erste Auflage 2004.

∑ HARTUNG-GORRE VERLAG, KONSTANZ

ISBN 3-89649-912-2

Inhaltsverzeichnis

Kapitel 1: Schachspieler

Kapitel 1: Schachspieler

Typisch Schachspieler

Bei der Geburt sind alle Schachspieler gleich alt.

Schachspieler erlernen gerne den Beruf des Schachverständigen. Innerhalb eines Schachverständigenrates klären sie – um große Schachlichkeit bemüht – als schachkundige Schachbearbeiter alle Fragen zu Schachbeschädigungen.

Des Schachspielers berühmte Denkerstirn mit den neun waagrechten und neun senkrechten Denkfalten.

Schachspieler haben schlechte Zähne.

Verliebte Schachspieler

Verliebte Schachspieler dürfen sich jetzt 'was wünschen.

Verliebte Schachspieler offerieren ihrer Freundin ein Freundschachsspiel.

Warum Männer Frauen zuerst auf den BH schauen.

Verliebte Schachspieler träumen vom Familienschach.

Vorspiel.

Mittelspiel.

Endspiel.

Schachspielerinnen folgen den Modetrends

- *Schachspielerinnen tragen eine Turmfrisur...*

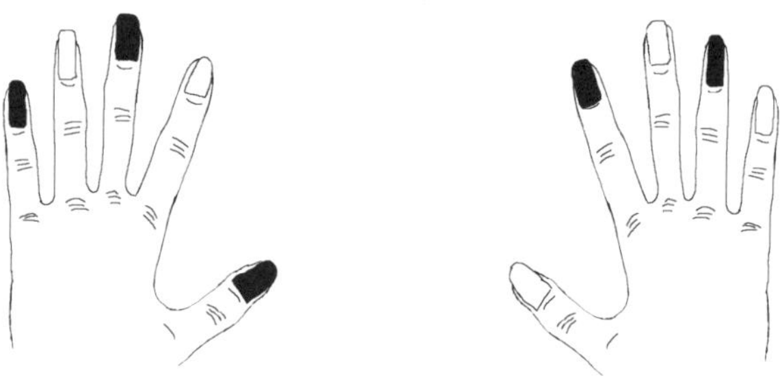

- *...und lackieren sich die Fingernägel.*

Zu einer älteren Schachspielerin soll man nicht „Alte Schach-tel" sagen, sondern „gereifte Dame".

Der topmodische Schachpunker

Gehst auch Du über die Straße, ohne dass jemand merkt, dass Du Schachspieler bist? Mit diesen Enttäuschungen ist nun Schluss: Ab jetzt heißt es: Sehen und gesehen werden - als topaktueller Schachpunker:

- Haare ab, 64 Schachfelder auf die Glatze tätowieren lassen: Das ist das Markenzeichen des einzig echten Schachfans, des topmodernen Schachpunkers!
- Als Ohrenschmuck dienen Medaillen, Partieformulare, Aufkleber und Schachfiguren.
- 32 Zähne ′raus, 32 Schachfiguren ′rein – ob Holz, Kunststoff oder Elfenbein: für Deinen Geschmack ist sicher das Passende dabei (Spitze Läufer als Eckzähne benutzen!).

Der neue Look aus den Schach-Style-Studios macht das Beste aus Deinem Typ:

- Zeig′, wer Du bist!
- Zeig′, was Du bist!
- Zeig′, was Du spielst!

Merk′ es nicht zu spät: Chess-Punx′ not dead!!!

Auch Schachpunker wissen: Ein Kopf ist nicht nur zum Haare schneiden da.

Menschen im Schachverein

Der Musiker Franz Schöngeist

Franz Schöngeist liebte die Musik wie das Schachspiel, dessen Linien durch die gleichnamigen Noten a bis h vertont wurden. Gefürchtet war sein Flügelspiel auf den schwarz-weißen Tasten des Klaviers, wo ihm – wie beim Schach – nur wenige Fingerfehler unterliefen. Er wusste die Tempi richtig einzusetzen, aber auch die Damen, die bei ihm selten flöten gingen. Gern begab er sich dabei in die Fußstapfen Schuberts, wenn er entsprechend der „Unvollendeten" frühzeitig Remis anbot.

Einer seiner bekanntesten Schachproblem-Kompositionen:

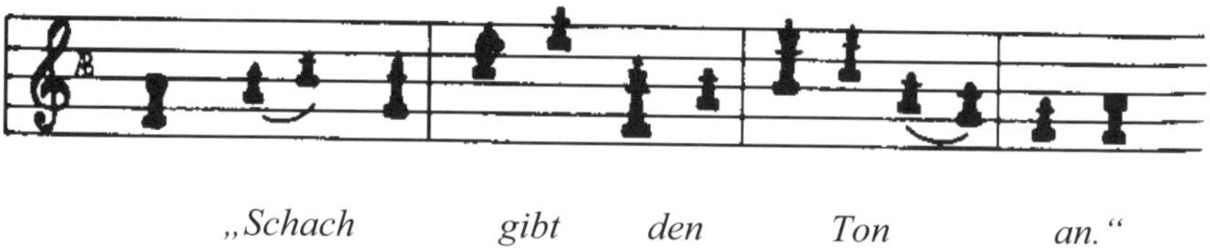

Menschen im Schachverein

Der Fotograf Karl Klick

Der Fotograf Karl Klick kam in unseren Schachverein, weil er irgendetwas von einem König hörte und dachte, er könne vielleicht Hoffotograf werden. Sein Schwerpunkt lag bei Schwarz-Weiß-Aufnahmen. Er war ein Meister im Blitzen. Spielerisch wechselten bei ihm Licht und Schatten. Doch in kombinatorischen Stellungen war er selten im Bilde. Für schöne Mattbilder war er dafür immer zu haben: Hier war er glänzend. Am Brett war er einer der Hellsten, auch wenn er Einigen etwas unterbelichtet schien. Mit der Zeit vollzog er jedoch eine Negativentwicklung: Er fiel häufig aus dem Rahmen. Ursache war, dass er zwar eine gute Kamera hatte, aber kein guter Kamerad war.

Menschen im Schachverein

Der Politiker Peter P.

Der Politiker Peter P. war ein Fan von Schwarz. Als gewiefter Taktiker war er bekannt. Als Schachspieler wäre er an sich geeignet gewesen, denn er sagte wenig. Leider redete er viel. Viel zu oft sah er nur die Fehler im gegnerischen Lager, vergaß dabei aber die Schwächen in den eigenen Reihen. In seinen Reden blitzte seine Kunst auf. Allerdings opferte er dabei oft die Qualität. Besonders den Bauern war er wohlgesonnen, er unterstützte sie nach Kräften. Gerne stand er im Blitzlicht. Er bevorzugte den Anzug. Mit seinen Verteidigungskünsten war jedoch kein Staat zu machen. Viele meinten, er sei kleinkariert und habe ein Brett vor dem Kopf. Bei ihm war es wie bei einer Schachfigur: Schaute man genauer hin, so sah man den Filz. Letztlich stolperte er, weil er seiner Brettnachbarin einen Auftrag zuschacherte.

Menschen im Schachverein

Der Kellner Karl Kurz

Karl Kurz war von Beruf Kellner. Gekonnt servierte er bei Turnieren die Schachbretter. Allerdings waren die Speisen nicht jedermanns Sache, zum Beispiel vergiftete Bauern-Omeletts. Originell war aber das in dem Haus verwendete Besteck; bekannt sind die lustig geformten Bauern- und Springergabeln. Leider hatte er eine Unart, die ihn im Verein auf Dauer „unbezahlbar" machte: Er wollte nach jedem Spiel ein Trinkgeld.

Kurz vorgestellt: Der Koch Franz von Soupé

Franz von Soupé war Koch. Zuerst meinten wir, dass auch er nur mit Wasser kocht. Doch er war ein ganz abgebrühter Spieler. Er hat uns manchen Ärger eingebrockt, den wir dann auslöffeln mussten.

Was Schachspieler essen

Manchen Blitzspielern schmeckt die Fünf-Minuten-Terrine. Sie enthält:

- Vitamine aus allen Feldern der Gesundheitsvorsorge:
  A_1, A_2, A_3, A_4, A_5, A_6, A_7, A_8,
  B_1, B_2, B_3, B_4, B_5, B_6, B_7, B_8,
  C_1, C_2, C_3, C_4, C_5, C_6, C_7, C_8,
  D_1, D_2, D_3, D_4, D_5, D_6, D_7, D_8,
  E_1, E_2, E_3, E_4, E_5, E_6, E_7, E_8,
  F_1, F_2, F_3, F_4, F_5, F_6, F_7, F_8,
  G_1, G_2, G_3, G_4, G_5, G_6, G_7, G_8,
  H_1, H_2, H_3, H_4, H_5, H_6, H_7, H_8.
- Figurenaufbaustoffe, um die Grundstellung aufzubauen.
- Viele Kohlenhydrate für die nötige Energie, gefesselte Figuren freizusetzen.
- Viel Eiweiß, wichtig auch für überzeugte Schwarzspieler.
- Wenig Fett, da Sie schon jetzt dicke Gewinnchancen haben!

Matti. Offizieller Lieferant des deutschen Schachbundes.
Besser als Mattjeshering.

Schachlikspieß.

Als Lesezeichen für Schachbücher sind Ölsardinen ungeeignet. Wir bitten, künftig auf solche und ähnliche Lesezeichen zu verzichten.

Was Schachspieler trinken

Wenn der Kopf raucht, dann muss der Brand gelöscht werden. Dies sollte der schachbewusste Schachspieler schachbezogen vollziehen.

Zu den nichtalkoholischen Getränken: Schwarzspieler trinken schwarzen Tee. Bei Mineralwasser kann man natürlich die „Queen" of Table Waters empfehlen.

Beim alkoholischen Bereich ist der Sekt zu nennen. So manche Schachspieler haben Sekt und Gegner schon frühzeitig kaltgestellt. Wer also seinen Angriff kraftvoll und engagiert spielt, der darf sich ruhig ein Gläschen „Mumm" gönnen. Bei den Wein-Trinkern trinkt derjenige einen „Amselfelder", der gelassen über der Stellung schwebt. Wem der Weg zum Sieg sehr dornenreich erscheint, trinke einen „Dornfelder".

Aber insbesondere das Bier scheint es den Schachspielern angetan zu haben:

- Mit einem „König-Pilsener" liegt ein Schachspieler immer richtig.
- Wer stark spielt, soll sein „Starkbier" bekommen.
- Wer zwei Fehler hintereinander macht, greife zum „Doppelbock".
- Im Seniorenturnier findet dagegen „Altbier" größeren Absatz.
- Der Schwarzspieler greift lieber zu einem „dunklen Bier", der Weißspieler liebt „Weißbier", seine „Weiße mit Schuss" oder sein kühles „Helles".
- Und der rauchende Schachspieler bekommt sein „Rauchbier".

Prost!

Ich gehe freitags Schach spielen. Immer? Nicht immer. Aber immer öfter.
Schach. Alles was ein Mensch braucht.

Kein Kalter Kaffee

Für jeden Schachspielertypen sollte der richtige Kaffee gekocht werden:

- Für den Spitzenspieler am Brett 1: Jacobs Bester, die Krönung.
- Für den langsamen Spieler: Nacht und Tag.
- Für den schnellen Spieler: Espresso.
- Für den Schieber: Tschibo-Kaffee.
- Für den Ideenlosen: Idee-Kaffee.
- Für alle anderen Schachspieler: Caro-Kaffee.

Die Weißspieler erhalten den Kaffee mit, die Schwarzspieler ohne Milch serviert.

Damit Weißspieler ihre frische Milch bekommen, halten sich manche Schachvereine Schachkühe.

Schachspieler spielen wie Zucker: raffiniert.

Sind Sie Weißspieler...

Haben Sie schon weißes Haar? Essen Sie Weißwürste und Weißkraut mit einem Schluck Weißbier? Oder Weißbrot und Weißkäse bei einem Glas Weißwein? Kaufen Sie Waschmittel mit Weißmacher? Bringen Sie Ihren Gegner zur Weißglut? Werden Sie bei einer Niederlage kreideweiß?

...oder sind Sie Schwarzspieler?

Sind Sie Schwarzmaler? Essen Sie Schwarzbrot? Leben Sie im Schwarzwald? Züchten Sie im Garten die Schwarzwurzel? Haben Sie schon einmal schwarz gearbeitet? Und waren zweimal Schwarzfahrer? Warten Sie auf Ihren Gegner, bis Sie schwarz werden? Sind Sie bezüglich Ihrer Stellung Schwarzseher, treffen damit aber oft ins Schwarze? Wird Ihnen dann ganz schwarz vor Augen? Schwärzen Sie schließlich Ihren Gegner an und wollen ihm den schwarzen Peter zuschieben? Sind Sie weiblich und spielen im kleinen Schwarzen?

Wie eine Umfrage ergeben hat, spielen 85% der Schachspieler lieber mit den weißen Steinen und nur 15% mit den schwarzen.

A. Schwarzer fordert Gleichberechtigung auch am Schachbrett. Sie möchte, dass auch mit den schwarzen Steinen begonnen werden kann. Auf diese Idee wäre sie wohl nicht gekommen, wenn sie Weißer hieße.

Weicheier am Schachbrett

- Der Vor Dem Spiel Alle 64 Felder – Nachzähler.
- Der Seinen Figuren Im Winter Schals – Umbinder.
- Der Immer Höflich „Gardez“ – Sager.
- Der Frauen Immer Remis – Anbieter.
- Der Nur Mit Handschuh – Spieler.
- Der Schachbrett Blank – Polierer.
- Der Mit a2-a3 – Eröffner.
- Der Nur Mit Maskottchen – Spieler.
- Der Partiezettel – Aufheber.
- Der Als Kiebitz Nie ´Rein – Reder.
- Der Die Dame Des Gegners Mit Handkuss – Begrüsser.
- Der Freiwillig Gegen Seinen Kleinen Sohn – Verlierer.
- Der Im Wettkampf Züge Zurücknehmen – Lasser.
- Der Sein Schachbrett Vorsichtshalber Bei Der GEZ – Anmelder.
- Der Immer Vor Dem Spiel Die Schachregeln – Leser.
- Der Beim Blitzschach Niemals Auf Die Uhr – Hauer.
- Der Allen Schachfiguren Einen Kosenamen – Geber.
- Der Immer Hinterher Die Figuren – Einräumer.
- Der Vor Dem Schachturnier Früh Zu Bett – Geher.

Remisschieber

Schon in ihrer Kindheit machen Remisschieber mit ihrer Halbschwester halbe-halbe. Sie arbeiten halbtags, buchen im Urlaub Halbpension und essen halbe Hähnchen. Zwar erzählen Remisschieber mit ihrem Halbwissen einmal im Halbjahr Halbwahrheiten über halbstarke, halbseidene Boxweltmeister im Halbschwergewicht, doch kennen sie sich halbwegs auch mit Halbleitern aus. Ansonsten lieben sie den Halbmond, fahren Motorräder der Halbliter-Klasse, kommen beim Schachpokal höchstens ins Halbfinale und warten bei jeder Partie auf den Halbzeitpfiff.

Schach in der Probierpackung

Liliputaner spielen Schach

in einer Schach-tel.

Pattspieler

Unter den Pattspielern sind zwei Arten bekannt: Der **Pattzer** und der **Patttrick**.

Dem **Pattzer** passiert das Patt in einer gewonnenen Stellung. Dabei wird er umso pattziger, je tiefer sein Gegner schon pattschnass in der Pattsche gesessen hatte. Der Pattzer ist der Tollpattsch.

Dagegen findet der **Patttrick** das rettende Patt in einer schon verlorenen Partie. Als Pattriot des Heimatvereins pattroulliert er ständig über das Brett, und auf die pattherbeiführende Zugfolge hat Patttrick ein Pattent. Die letzten Züge zum Patt spielt Patttrick dann ganz patthetisch und notiert sie mit der eigens dafür vorgesehenen Füllfederpattrone.

Wer selbst von einem Patt betroffen ist, empfindet in verlorenen Stellungen Sympatthie, in gewonnenen Antipatthie und in remisigen Apatthie. Wer gegen einen Pattspieler öfters antritt, wird mit der Zeit zum chronischen Pattienten.

Der pattgesetzte König kommt nach dem Spiel zum Patthologen. Das ist das Ende des Pattriarchen.

Gute Schachspieler

Seit der Abschaffung der Meisterprüfung gibt es in Deutschland keine Großmeister mehr.

Garri Kasparov kommt nicht zu einer Simultanveranstaltung. Da wir dies von vornherein wussten, haben wir ihn gar nicht erst eingeladen. Dafür kommt der Winter. Am 22. Dezember ist er da.

Schlechte Schachspieler

„Als ich gesehen hab', dass mein Gegner nicht merkt, dass er 'ne Figur gewinnen kann, hab' ich mir gedacht: Gegen den gewinnst du.“

„Warum sitzen denn die beiden Leute um das Brett herum?“
„Damit einer gewinnt.“
„Und warum sitzt dann der andere da?“

Neuzugänge

Diese Neuzugänge werden Ihr Schachteam verstärken: G. Nau, M. Sig, G. Bildet, L. Anvoll, N. Gagiert, R. Fahren, R. Holt.

Vor diesen Mitspielern wird jedoch gewarnt: G. Nervt, D. Motiviert, K. Putt, G. Mein, Ü. Bel, E. Lend, B. Trüger, D. Nunziant, H. Lunke, R. Folglos.

Dieser Schachspieler steht breit.

Schachspieler haben ein Brett vorm Kopf

Schachspieler finden karierte Bretter nett,
das gilt fürs Bücher-, Bügel- und Fensterbrett,
schwarz-weiß ist selbst der Bodenbelag
in ihrem Haus, einem Bretterverschlag.
Schnell hat er einen Baum umgehau´n,
nun hat der Garten ´nen Bretterzaun,
und selbst im Schlafgemach im Bett,
liegt eine Frau, flach wie ein Brett.

Der Quadratschädel:
Ein echter Schachakterkopf.

Schachspieler trainieren ihren Schachbrettbauch.

Brille für Schachspieler.

Schachspieler lieben Quadrate

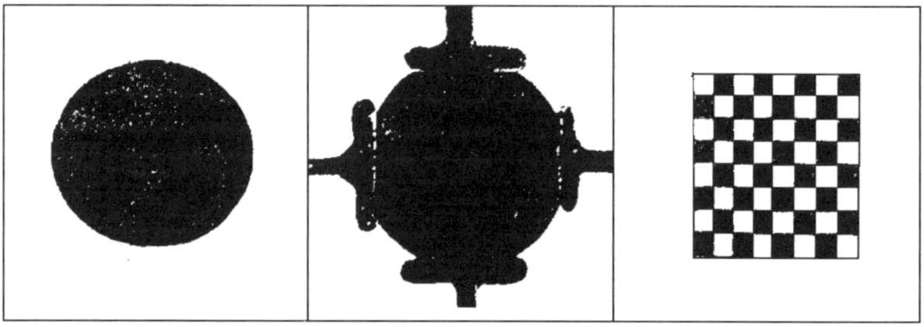

Die Quadratur des Kreises.

Schachspieler zieht man dann zu Rate,
braucht man ´nen Fachmann für Quadrate.

Wie man aus einem schlechten Fernsehfilm ein schönes Schachbrett zaubert.

Schachbrett – Puzzle, 2. Wahl, 63 Teile, günstig abzugeben.

Schachspieler lieben Karos

Es wird behauptet, Schachspieler seien kleinkariert.

Wie streichen Schachspieler ihre Decke? – Mit karierter Deckenfarbe.

Der sezierte Schachspieler

Ärzte haben eine überraschende Entdeckung gemacht: Die inneren Organe eines Schachspielers sind völlig mutiert. So sieht es im Innern eines Schachspielers aus:

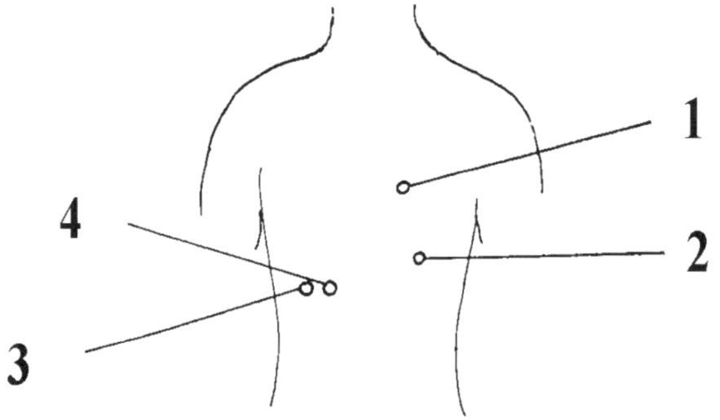

1

Ihm fällt leicht ein Stein vom Herz, denn ihm ist das Schachspiel ans Herz gewachsen.

2

Er spielt frisch von der Leber weg.

3

Figurenverluste gehen ihm an die Niere.

4

Er hat Gallenschachsteine.

In der Zeitnotphase verrenken sich manche Schachspieler ihr Schulterblättchen.

Schachspieler leben länger

Wer sitzt rechts?

- *Der älteste Spieler,*
- *der Mannschaftsgeist oder*
- *das Gerippe der Mannschaft?*

Die Erforschung des Schach-Gens

Große Erfolge wurden in den letzten Monaten bei der Lokalisierung des Schach-Gens erzielt. Der Natürliche Schachspieler, kurz DNS, wurde als Gencode erfolgreich entschlüsselt.

Bereits 1856 gelangen Mendel die ersten Züchtungserfolge. Durch simples Schlagen eines Turmes mit einem Springer und umgekehrt (noch heute wird das Schlagen mit einem Kreuz symbolisiert) stellten sich erfolgreiche Kreuzungen ein:

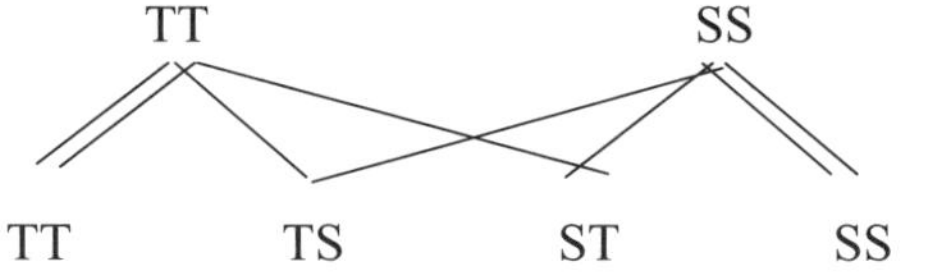

Neben einem Turm TT und einem Springer SS konnte Mendel aus dem Schachspiel eine neue Sportart züchten: Den Turmspringer TS auf dem Springerturm ST.

Nun ein weiterer Schritt: Der biologische Figurenaufbau wurde bezüglich seiner Einzelbauschachsteine vollständig entschlüsselt. Der Schach-Gen-Code als Träger der Erbinformation eines Schachspielers besteht aus der Buchstabenfolge:

TSLDKLST

Die neuen Bilder der DNS-Doppelhelix im Zellkern eines Schachspielers:

♖♙ -- ♟♜
♘♙ -- ♟♞
♗♙ -- ♟♝
♕♙ -- ♟♛
♔♙ -- ♟♚
♗♙ -- ♟♝
♘♙ -- ♟♞
♖♙ -- ♟♜

Die DNS-Doppelhelix eines Neugeborenen.

♔ -- ♚

Die DNS-Doppelhelix eines Seniors.

♖♙ -- ♛♛
♘♙ -- ♛♛
♗♙ -- ♛♛
♕♙ -- ♛♛
♔♙ -- ♛♚
♗♙ -- ♛♛
♘♙ -- ♛♛
♖♙ -- ♛♛

Evolution durch Mutation:
Als Schwarzspieler ist dieser Spieler seinen Artgenossen weit überlegen.

♖♙ -- ♟♜	♖♙ -- ♟♜
♘♙ -- ♟♞	♘♙ -- ♟♞
♗♙ -- ♟♝	♗♙ -- ♟♝
♕♙ -- ♟♛	♕♙ -- ♟♛
♔♙ -- ♟♚	♔♙ -- ♟♚
♗♙ -- ♟♝	♗♙ -- ♟♝
♘♙ -- ♟♞	♘♙ -- ♟♞
♖♙ -- ♟♜	♖♙ -- ♟♜

Erste gelungene Klonversuche bei dem Tandemspieler Dolly.

♖♙ -- ♟♜	♖♙ -- ♟♜	♖♙ -- ♟♜	♖♙ -- ♟♜
♘♙ -- ♟♞	♘♙ -- ♟♞	♘♙ -- ♟♞	♘♙ -- ♟♞
♗♙ -- ♟♝	♗♙ -- ♟♝	♗♙ -- ♟♝	♗♙ -- ♟♝
♕♙ -- ♟♛	♕♙ -- ♟♛	♕♙ -- ♟♛	♕♙ -- ♟♛
♔♙ -- ♟♚	♔♙ -- ♟♚	♔♙ -- ♟♚	♔♙ -- ♟♚
♗♙ -- ♟♝	♗♙ -- ♟♝	♗♙ -- ♟♝	♗♙ -- ♟♝
♘♙ -- ♟♞	♘♙ -- ♟♞	♘♙ -- ♟♞	♘♙ -- ♟♞
♖♙ -- ♟♜	♖♙ -- ♟♜	♖♙ -- ♟♜	♖♙ -- ♟♜

Vierer-Mannschaftsblitz: Ausgereifter Klonerfolg.

Tiere sind auch nur Schachspieler

Spielen auch Sie am liebsten die Sizilianische Drachenvariante?

Was sagt ein Eisbär, der über ein Schachbrett läuft?
„Man sieht mich, man sieht mich nicht, man sieht mich,...“

Schach ist tierisch!

Was ist unmöglich? Dass Eintagsfliegen eine Fernschachpartie zu Ende spielen.

Wenn Schachspieler einen Hund haben

Der Trendsetter.

Hund und Gartenschach.

Sagen Sie „Springer“ oder „Pferd“?

Sagen Sie

- Fallschirmpferd,
- Turmpferd und
- Stabhochpferd?

Oder sagen Sie

- Seespringerchen,
- Steckenspringer und
- Springerestall?

Schachspieler mit Pferdeschwanzfrisur.

Ein Schachspieler namens Fisch

Gerade erinnere ich mich
an einen Schachspieler namens Fisch.
Am Brett war er ein toller Hecht,
doch sein Benehmen war recht schlecht.
Bei seinen Spielen ging er baden,
Die barsche Wortwahl tat ihm schaden.
Sein Verhalten war aalglatt.
Zum Glück setzte ich ihn matt.

Wie Schachspieler reden

Manche Schachspieler haben eine figürliche Sprache:

Andere Schachspieler sprechen gerne Schachtelsätze. Wobei sie der irrigen Annahme sind, Schachtelsätze bestehen nur aus den Buchstaben a bis h.

Sprachwissenschaftler sehen eine sich abzeichnende Entwicklung neuer Wortschöpfungen bei den nachfolgenden Schachspieler-Generationen:

Den ersten Zug spielen:	anschachen.
Dem König Schach sagen:	beschachen.
Aus dem Schach gehen:	entschachen.
Dem König Dauerschach geben:	zuschachen.
Die Schachpartie versieben:	verschachen.
Nach der Partie abhängen:	abschachen.

Schach macht Kinder froh.
Und Erwachsene ebenso.

Tischgespräche

Feine Tischgesellschaft.

Die GDS (Gewerkschaft der Schachspieler) fordert für ihre Mitglieder die 35-Minuten-Stunde. „Sollte es dazu kommen“, befürchtet der Arbeitsminister, „dann müssen die Turnierbedenkzeiten linear um 41% gekürzt werden.“. Eine Blitzpartie würde in Zukunft statt 5 Minuten nur noch 2 Minuten und 55 Sekunden dauern.

Haben Sie genügend Sitzfleisch?

Gute Schachspieler brauchen ein gutes Sitzfleisch. Daher unser Test:

- Sind Sie in der Schule schon einmal sitzen geblieben?
- Haben Sie sich als Student bei einem Sitzstreik beteiligt?
- Haben Sie schon vor der Partie einen sitzen?

Betrunkene spielen doppelt so gut Schach.
Kein Wunder, sie haben auch doppelt so viele Figuren.

Schachspieler auf Traumpfaden

Wenn Schachspieler nicht einschlafen können, zählen sie Springerchen.

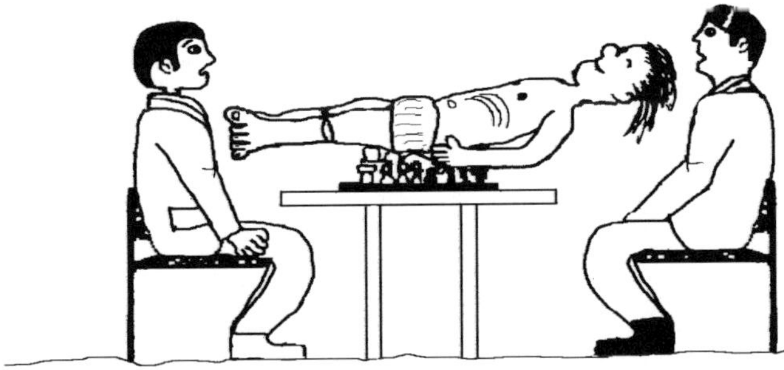

Wer die Indische Verteidigung wählt, bekommt Besuch vom Schach-Fakir.

Kapitel 2:
Schachfiguren

Kapitel 2: Schachfiguren

Schachsteine

Schachsteine werden geboren im Sternzeichen des Steinbocks. Im Steinbruch kommen sie zur Welt, wie schon alte Steinzeichnungen aus der Steinzeit zeigen. Schachsteine essen genüsslich ihren Steinbutt auf Steinpilzen, trinken aus dem Steingutbecher, und als Nachtisch gibt es Steinobst. Einen Stein im Brett haben Schachsteine beim Steinadler und bei der Steinlaus. Beide wohnen auf einem Ziegelstein neben dem Schornstein. Geheizt wird mit Steinkohle, denn Schachsteine sind nicht steinreich. Daran änderten auch nichts die Reformen des Freiherrn vom und zum Stein.

Schachsteine hoffen immer auf den besten Zug, auf den Stein der Weisen. Denn falls sie mattsetzen, werden sie zu einem Edelstein! Dann fällt ihnen ein Stein vom Herzen. Auf diesen Moment warten sie mit steinerner Ruhe. Leider ist ihr Leben oft ein steiniges. Manchmal ist es sogar zum Steinerweichen. Denn nicht alle Steine werden steinalt: Viele lassen ihr Leben bei einem Steinschlag. Und ist der Stein erst ins Rollen gekommen, bleibt kein Stein auf dem anderen, und die Schachsteine werden allesamt in eine Kiste neben dem Brett geworfen. Diese steht nur einen Steinwurf entfernt.

Der Schachelbeerstrauch.

Einmal verirrte sich ein Schachstein auf ein Fußballfeld.
Dort wurde er zum Stein des Anstoßes.

Springer

In jungen Jahren ist er der Held,
der „Junge Springer“ und „Springinsfeld“.
Schaut Filme an, die bekannten,
wie „Den Mann, den sie Pferd nannten“.
Doch chinesisch essen, das ist ’ne Fabel,
gehen die Springer nie, da fehlt die Gabel.

Springerreise.

Kuchen finden sie enorm,
backen ihn in ’ner Springform.
Auch beruflich sind sie echt der Bringer:
Fällt ’ne Figur aus, sind sie der Springer.
Wollen es immer zu Reichtum bringen,
drum lassen sie selten etwas springen.

Ist auf dem Schachbrett ’mal ein Päuschen,
treffen sich Springer mit Springmäuschen.
Lange Beziehungen woll’n ihnen nicht gelingen,
kein Wunder bei den vielen, vielen Seitensprüngen.
Im Frühling geh’n ihnen Frauen auf den Leim:
Englische Springer sprechen von der „spring time“.

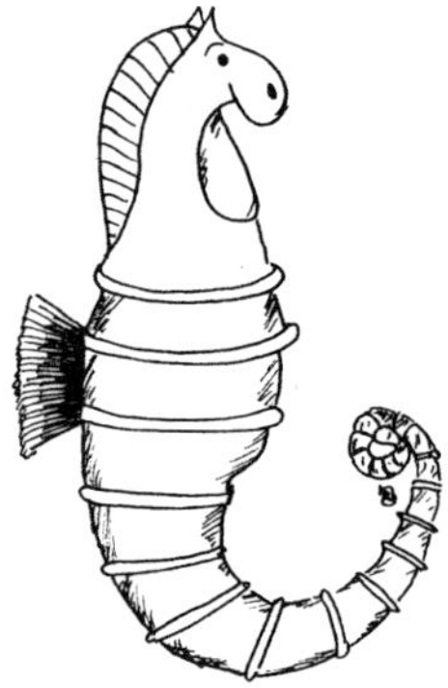

Seepferdchen.

Springer spielen mit dem Springseil oder planschen im Springbrunnen.

Läufer

Die Füße haben viele Furchen,
denn Läufer, das sind die Laufburschen.
Sind auf dem Schachbrett schwer zu fassen,
ihnen muss man freien Lauf lassen;
schon ihr Zug ist der Beleg:
Sie sind von Natur aus schräg.

Der Schlittschuhläufer.

Doch sind sie für eine Partie bereit,
zeigen sie eine gute Laufarbeit.
Dann läuft's mit den jungen Figürchen
vom ersten Zug an wie am Schnürchen,
und bei der Bundeswehr nicht allzu mies,
endet ihre Laufbahn als Läuferspieß.

Läufer kaufen nach der Ausbildung später
schöne Klamotten am laufenden Meter.
Läufer sind voller Kraft und Saft,
bekannt als beste Laufkundschaft,
und sind immer von den Kaufenden
bei der Mode auf dem Laufenden.

Der Überläufer.

Ansonsten sind die Läufer häufig
nicht nur in jungen Jahren läufig.
Denn sie sind, und das ist wahr,
immer stark als Läuferpaar,
solange sie in ihrem Leben
dem Partner nicht den Laufpass geben.

Türme

Türme wollen des Gegners Felder stürmen,
damit sich dort die Probleme auftürmen.
Dabei machen sie, keine Lüge,
immerzu nur kantige Züge;
manche wundert das enorm,
sind sie doch von runder Form.

Türme bringen, und das ist sehr viel,
auf ganzer Linie Linie ins Spiel;
nehmen zum Wettkampf zur Genüge
Linienbusse und Linienflüge,
und über die Linientreue hinaus
denken sie immerzu geradeaus.

Pisa-Studie: Wer ist der dümmste Turm?

Welche Figur hat die höchste Telefonrechnung?
Der Turm. Aufgrund seiner Zugweise ist er immer online.

Bauern

Niemals zurück schauen, gar im Zorn,
haben Bauern den Kopf nach vorn,
die achte Reihe stets im Blick,
sie weichen keinen Schritt zurück,
bringen Nachbarn aus der Facon,
schlagen sie diese en passant.

Die Bauern haben, ohne Reue,
'ne ausgeprägte Bauernschläue:
Für die Hoffnung der großen Weihe
aller Bauern der achten Reihe,
folgt im Bauerntheater als Pointe der Schluss
dass der Bauer sich zu einer Dame wandeln muss.

Was ist das?

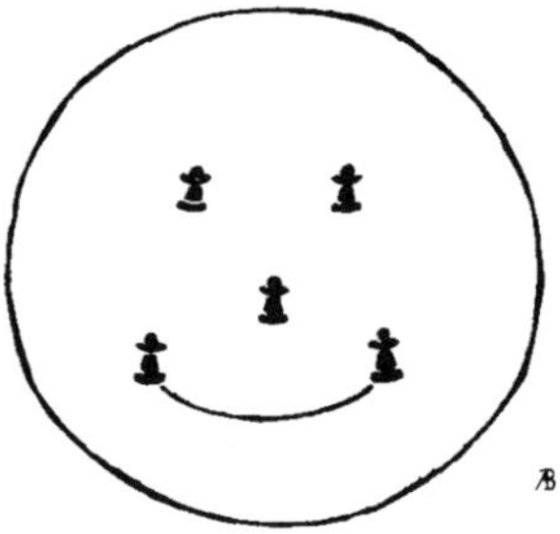

Fünf Bauern beim Seilspringen in einem Kreis.

Wenn der Nachwuchs immer größer wird: Dame und König beschweren sich, weil sie nichts sehen können.

Der Bestseller „Die Entdeckung der Langsamkeit" von Sten Nadolny führte dazu, dass der Doppelschritt des Bauern abgeschafft werden soll.

Damen

Haben die Damen etwas Geld
werden sie zu Damen von Welt.
Der König ist ihnen nicht egal,
sie bevorzugen die Damenwahl.
Und liest der Gatte im Bett ein Buch,
dann kommen sie zum Damenbesuch.

Damenendspiele als Hörbuch: ABBAs „Dancing Queen“.

Manchmal ist es schwer zu verstehen,
dass Damen meistens herrlich stehen,
suchen Damen im Partieverlauf das Weite
und stehen dann nicht mehr an des Königs Seite.
Ist der König mit 'ner zweiten Dame per Du,
wenden sich alle Drei des Gegners König zu.

Die Bienenkönigin.

Die Bardame.

Die Dame ist die stärkste Figur. Nirgends wird das deutlicher als in Großbritannien. Denn dort heißt die Dame „Queen“, der König jedoch nur „Prince“ Philip.

Könige

Den König lobt man meist über den Klee
auf der Düsseldorfer Königsallee.
Auf dem Brett ist er der Herr im Haus,
führt immer nur einen Feldzug aus;
in der Eröffnung denkt er doch leider
nur bei der Rochade 'nen Schritt weiter.

Während mancher Springer schon früh ausritt,
macht der König niemals den ersten Schritt.
Denn erst im Endspiel, es gibt den Beleg,
sucht der König den Königsweg.
Dann zieht er auf das Brett hinaus,
ist dem Gegner 'nen Schritt voraus.

König Kunde.

Privat wird man aus ihm nicht ganz schlau,
da trägt er schwarz-weiß, nie königsblau,
Schützenkönig, in aller Munde,
selbst beim Einkaufen König Kunde,
denkt nur an den Beruf, er kann nicht ohne:
Hat der König denn einen in der Krone?

König Fußball.

Türme aus aller Welt

Der Turm als Litfasssäule.

Der Aussichtsturm.

Der Wasserturm.

Der Schiefe Turm von Pisa.

Der Henninger-Turm.

Der Fernsehturm.

AB

Bauern aus aller Welt

Bauer.

Amerikanischer Bauer.

Indianischer Bauer.

Englischer Bauer.

Australischer Bauer.

Bayerischer Bauer.

Schweizer Bauer.

Französischer Bauer.

Asiatischer Bauer.

Doppelbauer und Weinbauer

Ein Bauer nennt sich Doppelbauer, wenn er in einer Doppelhaushälfte wohnt, einen Doppelzentner wiegt, beim Tennis Doppelfehler macht, einen Doppelgänger hat, Doppeldeutiges sagt, im Urlaub gerne nach London fährt (wegen der Doppeldeckerbusse), ein Doppelzimmer mit Doppelbetten bucht und dabei das doppelte Lottchen mitnimmt.

Der Doppelbauer.

Ein Doppelbauer kann trotz des Wortes „Doppel“ auch durch einen Einzelangriff entstehen, während umgekehrt ein Doppelangriff auch mit einem Einzelbauer möglich ist.

Der Weinbauer.

Der Weinbauer lädt qualitätsbewusste Springer und Läufer, die den Abtausch mit einem Turm suchen, zu einem Schluck Qualitätswein ein.

Betrunkene haben lauter Doppelbauern und geben immer Doppelschachs.

Doppelkönig

Seit dem Gesetz der eingetragenen Partnerschaften gelten folgende Begriffe, falls auf der gegnerischen Seite statt einer Dame und einem König zwei Könige stehen:

- „Königsgambit", falls der Gegner seinen zweiten König opfert.
- „Doppelschach", falls man beide gegnerischen Könige gleichzeitig bedroht.

Homosexuelles Schachspiel.

Heterosexuelle Könige lesen den „Playtoy".

Der König, die Kult(ur)-Figur

Zaunkönig der Spiellust.

Der schwarze König glaubte an einen Fluch, der auf den Münzen lag. Denn bei der Entscheidung, wer zuerst ziehen darf, hatte er bisher regelmäßig verloren.

Der Einäugige ist König in einer Blindpartie.

Der König, die Witz-Figur

Schach ist ein lustiges Spiel.
Könige amüsieren sich königlich.
Nur am Aschermittwoch sind die Narren matt.

Dreikönigstreffen

Dieser König ist von Erfolg gekrönt.

Dieser trägt keine Krone, sondern eine Makrone.

Kaiserschmarren, Königspasteten oder Königsberger Klopse?

Auf diese Steine können Sie bauen

Ist der König eigentlich eine Leicht- oder eine Schwerfigur?

Bei der Partieanalyse:
„Und wie sieht es mit den Königen aus?“ –
„Jeder einen.“

Was ist der Unterschied zwischen einem Bauern und einem König? – Der König brennt länger.

„Da wird der König mit Schach geschlagen.“

Warum ist der König matt? –
Weil er nichts gegessen hat.

Türme gewinnen gerne turmhoch.

Ein Läufer wollte einmal auf den Laufsteg. Das Gerücht verbreitete sich wie ein Lauffeuer. Doch die Laufzeit seiner Karriere war kurz: Sein Pulli hatte eine Laufmasche.

Zur Durchsetzung ihrer Ziele machen Springer Winkelzüge.

„Wenn ich mit dem Springer ständig den Turm angreife und der Gegner gibt die Qualität einfach nicht her...“

„Wieso liegen die ganzen Schachfiguren auf dem Boden herum?“ -
„Das ist die Schwerkraft.“

Schade, dass Schachspieler Schachfiguren ständig über den Tisch ziehen.

Pferde und Springer

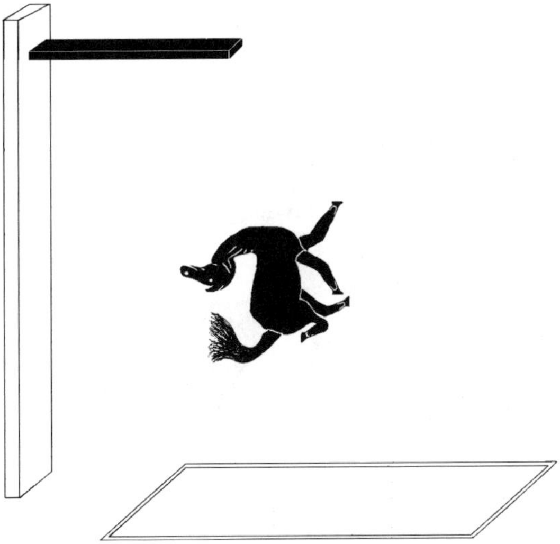

Turmspringer.

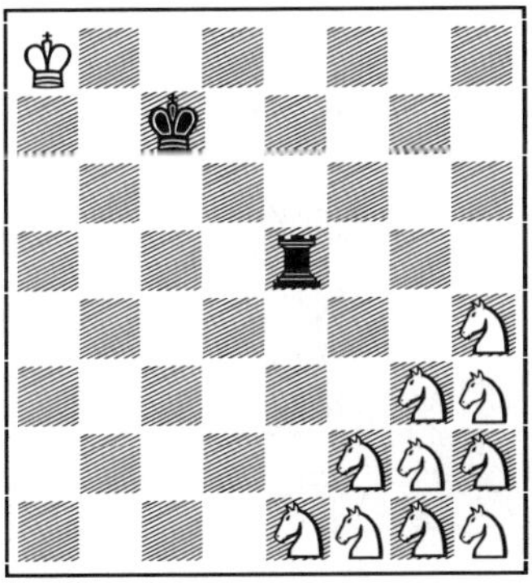

Keine zehn Pferde können Schwarz vom Sieg abhalten.

Mit Schachspielern kann man Pferde stehlen.

Die Randnotiz zum Randspringer

Es gibt viele gutmütige Randspringer...

...aber auch einige böswillige. Diese Randspringer...

- können einfach nicht den Rand halten,
- machen unpassende Randbemerkungen,
- kommen mit anderen Steinen nicht gut zu Rande,
- feiern außer Rand und Band,
- sind gegen Mitternacht randvoll,
- randalieren in der Randsiedlung (keine Randerscheinung!) und
- haben morgens Augenränder.

Randalierender Randspringer.

Ein Zugpferd

Schach wäre erfolgreicher, würden die Springer nicht Pferde, sondern (völlig korrekt) Zugpferde heißen. Dann wäre Schach eine richtige Zugnummer (ebenfalls völlig korrekt, da die Züge nummeriert werden.). Schach hätte viel mehr Zugkraft.

Kein Zugpferd

Nicht alle Pferde sind zum Schachspielen geeignet.

Schlechte Springerzüge haben einen Pferdefuß.

Wenn Schachfiguren trinken und rauchen...

Der Läufer.

Der Säufer.

Zigarettenpause.

Wer viel raucht, fühlt sich matt.

Schachfiguren, die nicht jeder kennt

Der Theorie-Hengst.

Das Schaukelpferd.

Das Schachelschwein.

Bevorzugen auch Sie Holzfiguren?

Holzfiguren werden oft als hölzern verunglimpft. Tatsächlich ist das Bein des Läufers ein etwas hinderliches Holzbein. Doch im allgemeinen haben Holzfiguren gegenüber ihren Kollegen aus Kunststoff so manche Vorteile:

- Die Bauern sind alle aus dem gleichen Holz geschnitzt.
- Die Türme können so richtig holzen.
- Das Holzauge der Pferde ist wachsam.
- Die Könige reisen bei Auswärtskämpfen wie alle anderen Figuren in der Holzklasse und sparen somit dem Verein eine Menge Holz.
- Die Damen haben viel Holz vor der Hütte.

Der Holzwurm – der natürliche Feind des Holz-Schachspiels.

Der saure Regen hat auch Konsequenzen für die Holzfiguren. Die Zahl der vergifteten Bauern soll in letzter Zeit sprunghaft angestiegen sein.

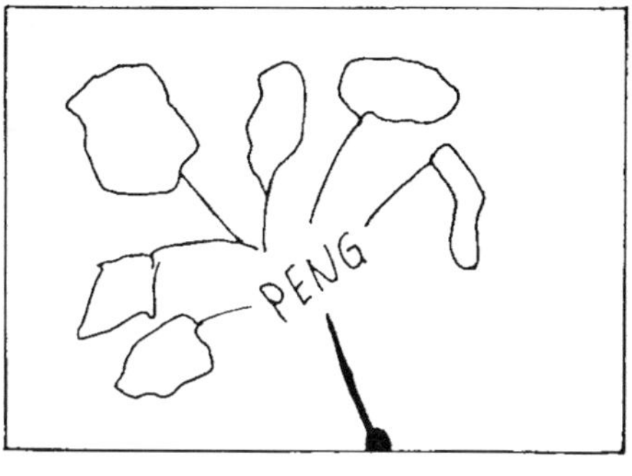

Der Nachteil von aufblasbaren Schachfiguren.

Keine neuen Schachspiele mehr

Die bisherigen Schachspiele haben Bestandsschutz. Neue Schachspiele gibt es jedoch nicht mehr. Angesichts der umfangreichen Genehmigungsprozeduren gibt es keine Hoffnung auf neue Schachspiele. Das Errichten eines Turmes bedarf einer Baugenehmigung. Für die Genehmigung der vier Türme auf dem Schachbrett ist jeweils ein anderer Bezirk zuständig; Türme werden jedoch nur äußerst zurückhaltend genehmigt, da eine flache Bebauung bevorzugt wird. Insbesondere in den Außen- und Eckbezirken ist eine Genehmigung fast gänzlich ausgeschlossen, denn das Bundesbaugesetz lässt eine Bebauung im unbeplanten Außenbereich nur ausnahmsweise zu. Auch das Halten von Pferden bedarf mit Blick auf den Tierschutz einer Genehmigung des Ministeriums. Einfache Läufer sind heute selten. Vielmehr sollen Jugendliche heute unbedingt eine Berufsausbildung abschließen, die mindestens zwei Jahre dauert. Allerdings sind die Jugendlichen dann meist für den Job des Läufers überqualifiziert und lehnen eine entsprechende Tätigkeit ab. Ältere Arbeitnehmer sind dagegen für die beschwerliche Tätigkeit des Läufers nicht geeignet. Mit Nachdruck fordert deshalb jetzt der Deutsche Schachbund, die GreenCard-Regelung auch auf Läufer auszudehnen. Wie schwierig es ist, heute noch jemand für die Tätigkeit als Bauer zu begeistern, bedarf keiner weiteren Erläuterung. Und der Aufschrei, wenn jemand einen neuen König haben will, ist gar nicht erst auszumalen. Nur Damen sind heute – auch ohne Genehmigung – genehm. Man findet sie, mangels Arbeitsplatz beim Schach, beim Damenspiel.

Einzelne Schachfiguren, 2. Wahl, günstig abzugeben.

Schach-Schnappschüsse

Die deutsche Durchschnittsfamilie (schwarzgebrannt vom Badestrand).

Ohne Worte.

Im 65. Zug verlässt G. Bauer das Spiel und macht der Dame Platz.

Wo gehören die Schachfiguren hin? In die $\frac{Sch}{8}$.

Schwangerschachsverhütung

Deshalb: Safer Schach.

Die Angst des Bauern vor der Umwandlung

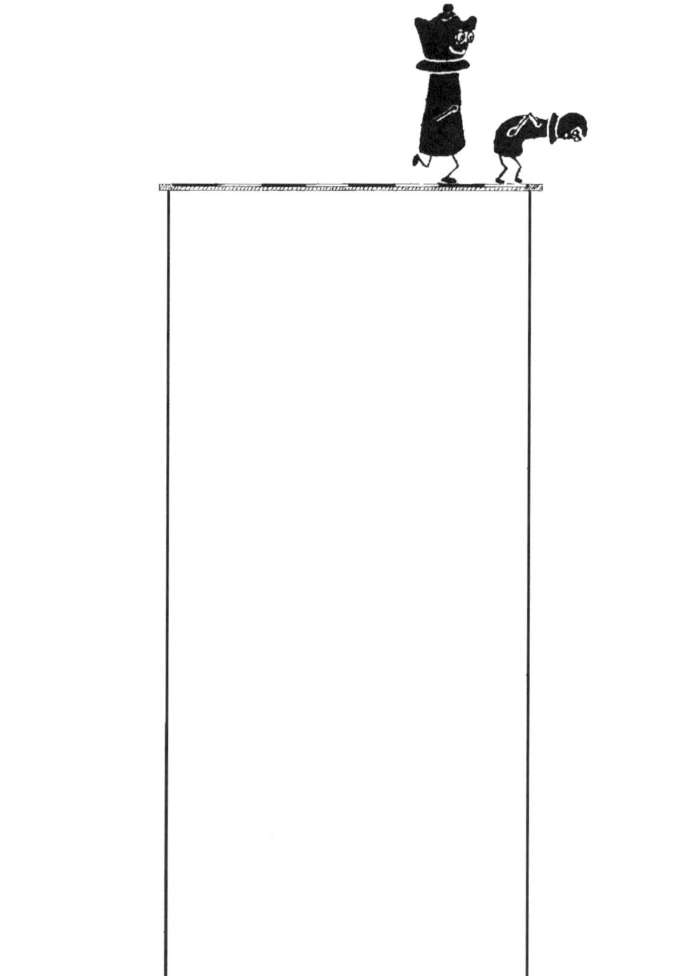

Figuren, die eine unglückliche Figur abgeben

Hängender König.

Hängende Figuren haben nur wenige Anhänger, denn sie lassen sich einfach zu sehr hängen. Da sie ihrer letzten Freundin noch nachhängen, bleiben sie oft in Lokalen hängen, wonach es ihnen schwer fällt, noch in zusammenhängenden Sätzen zu sprechen. Dabei könnten sie nüchtern sogar erklären, was Überhangmandate sind. Traurig aber wahr: Mit hängenden Figuren gewinnt man höchstens noch mit Hängen und Würgen.

Mauern half Schwarz jetzt auch nicht mehr.

Weg mit den Schachfiguren – freier Blick zum Gegner!

Aus Forschung und Technik

Um Blitzpartien noch schneller spielen zu können, werden die Schachfiguren im Windkanal bezüglich ihrer Aerodynamik optimiert.

Auf dem Demonstrationsbrett

Schachfiguren sind auch nur Menschen

Wenn Schachspieler Knoblauch essen...

Warum viele Schachfiguren ein blaues Auge haben...

Warum man die Figuren nicht auf die Uhr hauen soll...

Mit Schachfiguren soll man nicht spielen.

In der Schachfigurenschachtel.

Schachfiguren beim Psychologen.

Welcher psychologischer Test wird bei Schachfiguren angewandt? –
Der Rorschach-Test.

Kapitel 2: Schachfiguren

Kapitel 3:

Vom ♘ erzählt

Kapitel 3: Vom Pferd erzählt

Vom ♘ erzählt: ♘inand auf dem Schachbrett

Das ♘ ♘inand hat seinen Namen ♘ient. Es ist ♘eufelt tückisch, hüpft ♘ikal auf dem Brett herum und ♘utzt den Gegner. Es ♘ritt die Figuren einzigartig; man kann es nicht mit anderen Figuren ♘auschen.
♘rauen Sie keinem ♘! Steht ein gegnerisches ♘ ♘ächtig, ♘oppeln Sie Ihre Aufmerksamkeit – besonders dann, wenn Sie ♘rackterweise in der ♘eidigung spielen. Sind Sie erst allzu fried♘ig-♘räumt in Ihr ♘erben gelaufen, ist der ♘russ nicht mehr zu ♘auen. Ihr Gegner will Sie ab♘igen! Seine Absicht ist immer ♘orben! Lassen Sie sich nicht ♘umm verkaufen!
Den Einsatz Ihres eigenen ♘es sollten Sie weder ♘rödeln noch ♘ändeln. Ihr Gegenspieler ♘ient es, dass Sie seine Siegeshoffnungen ♘reiben: ♘iefen Sie sich in die Stellung, ♘ilgen Sie seine Figuren und ♘reschen Sie Ihren ♘utzten Gegner, bis er fix und ♘ig ist und sich seine ♘rossene Miene vollends ♘üstert!
Ich hoffe, ich konnte Ihnen ♘eutlichen, dass Sie Ihrem ♘ viel ♘anken. Sollten Sie sich mit Ihrem Gegner ♘ragen, dann ♘agen Sie die nächste Partie und ♘uften Sie doch einige Tage in Urlaub. Aber fragen Sie bitte, ob sich Ihr kleiner Gehilfe auch erholen will. Vielleicht ♘ er ja mit.

Vom ♘ erzählt:
♘ragsspieler ♘inand im Interview

♘inand, der Wort♘reher, erkannte bald, dass er auf dem Schachbrett kein Geld verdienen konnte. Also wandte er sich dem Fußballspielen zu.

„♘ragsspieler ♘inand, was ist das Erfolgsgeheimnis eines guten Fußballers?“
„Man muss die Bälle nur richtig ♘eilen.“
„Sie sind ein richtiges Zug♘, aber manchmal spielen Sie auch etwas leicht♘ig...“
„Diese Kritik ist ungerecht♘igt.“
„Wann bekamen Sie Ihr erstes ♘ragsangebot?“
„Ich sag´s Ihnen streng ♘raulich: Als ich die Bälle nicht mehr ♘ändelte und mich nicht mehr ♘rippelte.“
„Seit Sie ♘eufelt gut sind, hat sich Ihr ♘ienst ♘oppelt?“
„♘reifacht.“
„Das haben Sie sich ♘ient. Mit dem Euro hat sich ja auch alles ♘euert. Da hoffe ich nur, Sie haben auch einen Ehe♘rag. Gut, dass Sie schon früh mit dem Fußball ♘raut waren. Wem ♘anken Sie Ihren schnellen Erfolg?“
„Meinem Trainer, da will ich gar nichts ♘uschen. Man sagt, er ♘rägt sich nur mit ♘igen Spielern, aber mir als ♘eidiger konnte er noch viele ♘igkeiten beibringen.“
„Die zahlreich ♘retenen Fans sagen, Sie spielen rustikal...“
„♘ikal, ich spiele die Bälle ♘ikal. Das ♘utzt den Gegner.“
„Fußball ist eben ein schöner Zeit♘reib. Vielen Dank für das Interview!“

Fallschirmspringer.

Nach der Fußballkarriere eröffnete der schlag♘ige ♘inand ein Autohaus.

Vom ♘ erzählt: ♘inand als ♘rauenserweckender Auto♘riebsleiter

Nicht nur die Arbeits♘e ♘inand Piech und ♘inand Porsche wissen: Autokauf ist ♘rauenssache. So gibt es im KFZ-♘rieb ♘ienstvolle und weniger ♘ienstvolle ♘reter. Schon so mancher hat seine Glaubwürdigkeit leicht♘ig geo♘. Doch welchem ♘riebspartner können Sie bei einem ♘ragsangebot ♘rauen? Ein Fehlkauf ist Ihr ♘erben! Wollen Sie, dass Ihr Auto stabil ♘ oder wollen Sie ein Schaukel♘? Kontrollieren Sie also vor ♘ragsabschluss die ♘igungsqualität:

Ist die Elektrotechnik richtig ♘rahtet? Funktioniert das ♘eck? Sprüht der ♘eiler keine Funken? Wird im Motor richtig ♘ichtet, ♘rängt und ♘ampft? Fehlt gar Benzin und muss der Motor ♘ursten und ♘rocknen? Ist das Öl nicht ♘ickt? Ist das Lenkrad nicht ♘reht? Ist das Auto nicht ♘reckt?

Wenn Sie mir ♘rauen, dann steht der Aus♘igung eines Kauf♘rags nichts mehr im Wege. Freuen Sie sich auf das Autokino mit leicht ♘aulichen, aber dennoch kunst♘igen Filmen wie: „Der Mann, den sie ♘ nannten“ und „Der ♘eflüsterer“. Sie haben sich die ♘estärken ♘ient! Kündigen Sie Ihren Bauspar♘rag und ♘eutlichen Sie sich: Bei meinen Autos ist Ihre Sicherheit nicht ge♘et!

Irrspringer und Irrläufer.

Nachdem ♘inand einige Fahrzeuge entwendet wurden, lag sein nächster Berufswunsch nahe: Detektiv. Sein spannendster Fall:

Vom ♘ erzählt: Die verschwundenen Notenblätter von Guiseppe ♘i

♘inand ermittelt in seinem neuen Fall ♘eckt. Sein Auftrag: Die verschwundenen, schon mehrfach ♘onten Notenblätter des für seine Finger♘igkeiten berühmten Guiseppe ♘i zu finden. Eine ♘ammt harte Nuss, doch ähnlich gelagerte Fälle von verschwundenen Einzelan♘igungen sind ♘inands Stecken♘. Muss er Guiseppe ♘is Nachkommen ♘rösten oder kann er deren Interessen erfolgreich ♘reten? Immerhin hat er schon einen ♘ächtigen. Auch in diesem ♘rackten Fall hat sich ♘inands ♘acht schnell ♘ichtet: Der Diener hat die Blätter ♘auscht! ♘inand hat eine schier übersinnliche ♘igkeit: Er hat sich noch nie ♘an und sich bei keinem Täter ♘ippt! Gangster ♘eufeln den un♘rossenen Spiel♘erber, dem die Menschheit so viel zu ♘anken hat.
Aufgrund von ♘unkelungsgefahren will ♘inand auch diesmal keine Zeit ♘ändeln oder ♘rödeln. Der Diener, der sich kurz ♘rückt hatte, um schnell noch ein gebrauchs♘iges ♘igessen zu ♘ilgen, dachte, die ♘auschung gut ♘uscht zu haben. Auch tarif♘raglich und sozial♘räglich bezahlte Angestellte sind ab und zu ♘orben, selbst wenn sie nicht auf Geschäftskosten viel Geld ♘elefonieren. Mit ♘inands gewieften Fragen konfrontiert, ♘üstert sich zusehends des Dieners ♘utzte Miene, und er gesteht ohne jedes Selbst♘rauen ein, die Notenblätter ♘auscht, abgeku♘ und erfolgreich ♘rieben zu haben. Die eil♘ig ange♘igten Kopien waren sofort versand♘ig. Seine Recht♘igung: ♘ienstausfälle seiner Angetrauten. Jetzt braucht er einen guten Rechts♘reter als ♘eidiger.

Der Springer ist des Todes!

Kapitel 3: Vom Pferd erzählt

Kapitel 4: Bretter, Felder und Züge

Schachbretter

Die Bretter, die die Welt bedeuten.

Haben Sie sich auch schon öfters geärgert, dass Sie Grundreihenmatt gegangen sind? Dies kann Ihnen mit dem neuen Schachbrettmodell „Escape“ nicht mehr passieren. Exklusiv für nur 64 €! Auch als Nachrüstsatz für herkömmliche Bretter für nur 8 €. Bestellen Sie noch heute!

Neulich wurden mehrere Schachbretter von Maulwürfen heimgesucht.

Schächchenwolken.

Was kommt heraus, wenn man zwei Zebras kreuzt?

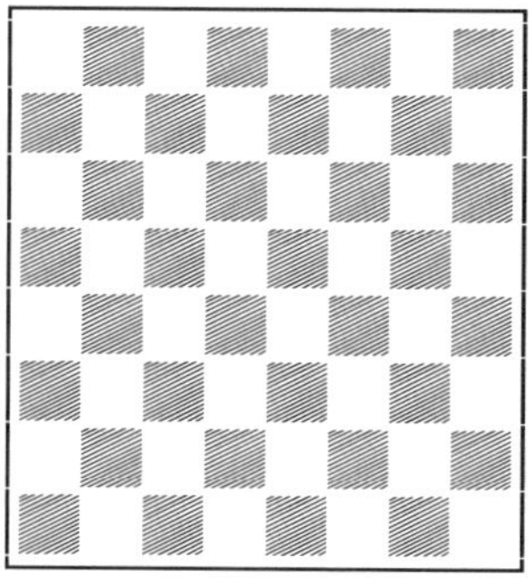

Ein Schachbrett!

Schachspielende Zebras machen Streif-Züge.

Insel der Glückseligkeit.

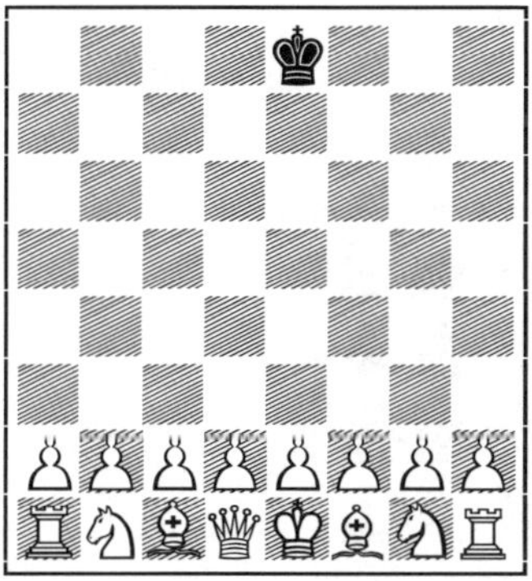

In dieser schwierigen Stellung, die nach dem 13. Zug entstand, überlegte Schwarz zu lange, überschritt die Bedenkzeit und verlor.

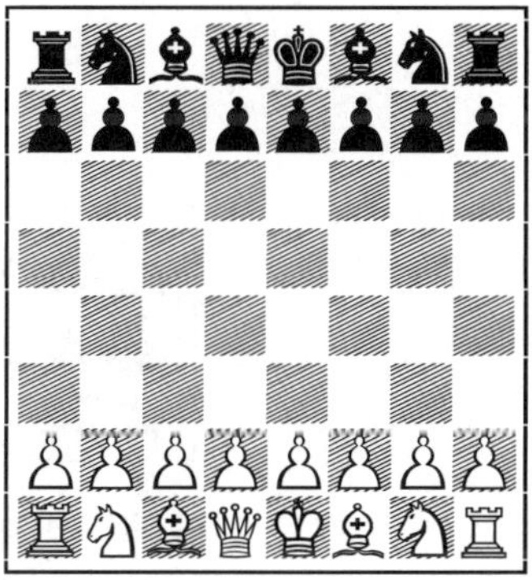

Für alle Leser, die nicht wissen, wie ein Schachbrett aussieht.

Man sollte kein billiges Schachbrett kaufen, wenn man für das gleiche Geld ein teures bekommt.

Schach-Abarten

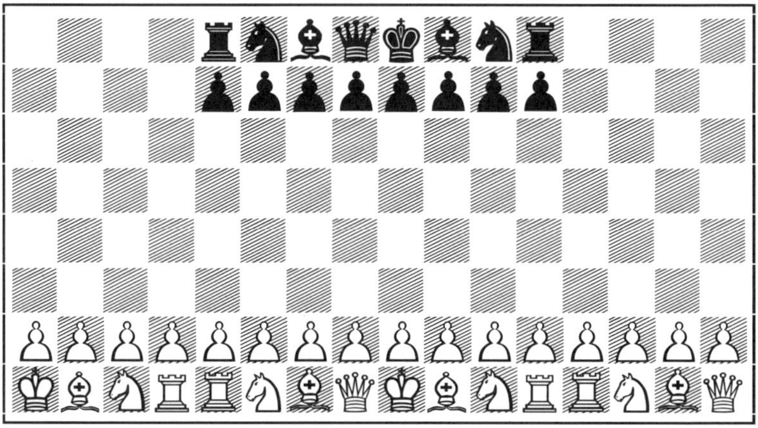

Simultanschach.

Doppelschach.

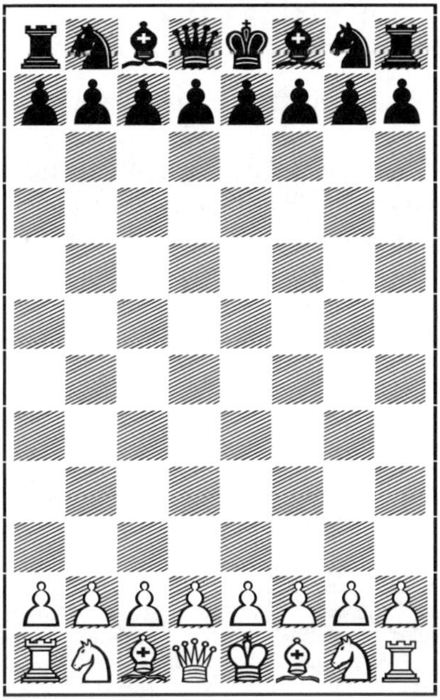

Fernschach.

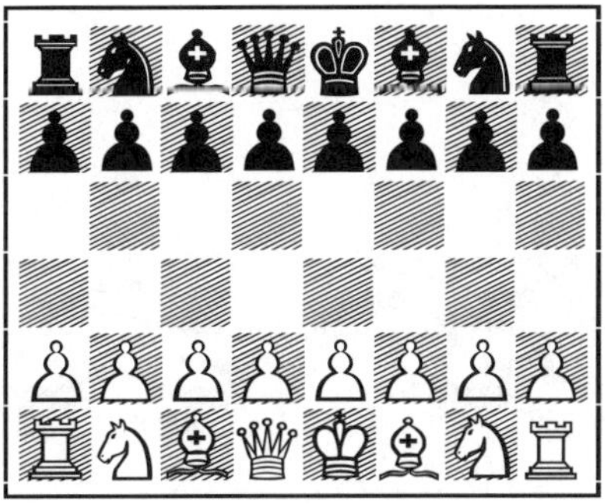

Kurzpartie.

Feldstudien...

Neue Feldstudien haben die Arbeitsfelder von Schachfiguren im Blickfeld:

Schachfiguren nutzen die 64 Felder ganz nach ihrer persönlicher Neigung: Manche schlafen im Feldlager, andere im Kornfeld, wieder andere im Feldbett. Sie essen aus der Feldküche und genehmigen sich einen Schluck aus der Feldflasche. Dazu gibt's viel Feldsalat. Auf den Feldern tummeln sich auch noch:

Der Feldhase.

Die Feldmaus.

Die Bauern sind die Feldarbeiter.
Sie bauen Feldfrüchte ökologisch an
ohne genetische Feldversuche.

Die Schachkuh
fühlt sich pudelwohl
auf freiem Feld.

...und Feldanalysen

Beim Schach geht's rund,
denn die ganze Welt spielt Schach.

Was ist das?

Das Feld a1.

V. Feldbusch.

Warum hat ein Schachspiel acht mal acht Felder?
Weil man bei dem Spiel acht geben muss!

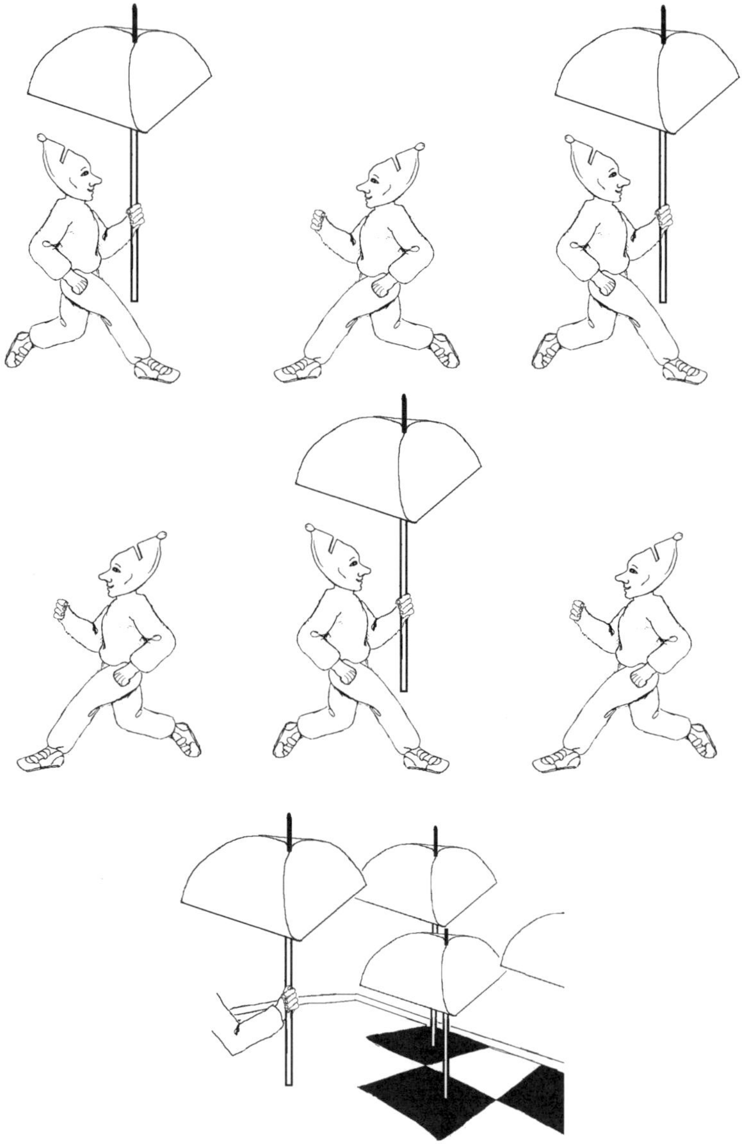

Woher die schwarzen Felder kommen.

Schachphilosophie: Matt in ½ Zug

Wer die Überschrift gelesen hat, wird denken: „So ein Blödsinn. Das gibt es doch gar nicht.“ Aber da man die Schachpartie, den Makrokosmos, in Züge unterteilen kann, muss es doch auch möglich sein, den einzelnen Schachzug, den Mikrokosmos, zu gliedern. Nehmen wir einmal eine Unterteilung in vier Phasen vor:

- Anfassen der Figur (1/4 Zug),
- Anheben der Figur (1/4 Zug),
- Absetzen der Figur (1/4 Zug),
- Loslassen der Figur (1/4 Zug).

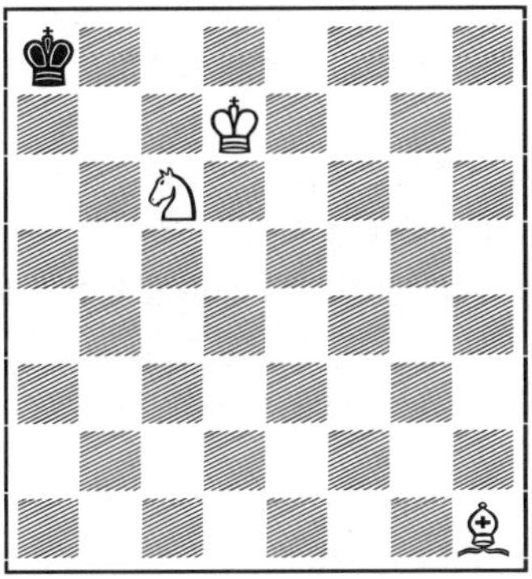

Matt in ½ Zug.

Wenn wir uns das Diagramm genau anschauen, werden Sie sagen: „Es droht nichts.“ Aber Schwarz ist in einem halben Zug Matt: Weiß fasst den Springer an (1/4 Zug), hebt ihn an (1/4 Zug), und Schwarz ist matt!

Unglaublich, aber wahr! Hätten Sie es gedacht?!

Was hat ein Schachspieler während der Schach-Sommerpause?
Ent-zugs-erscheinungen.

Die Bedeutung der Analyse-Symbole

Wofür stehen die ganzen Analyse-Symbole?
Nicht alle Bedeutungen sind selbstverständlich:

+	Dieser Zug wird von den Kiebitzen positiv aufgenommen.
—	Der Gegner macht Ihnen jetzt einen Strich durch die Rechnung.
⩲	Im Plus-Markt gibt es einen Schachcomputer, der den gleichen Zug spielt.
$\overset{=}{\infty}$	Der Zug, den der Spieler gleich spielt, fällt ihm unendlich schwer.
○	Dieser Zug ist eine runde Sache.
⊙	Dieser Zug ist ein Volltreffer.
→	Schwarz will die Uhr auf der rechten Seite.
↑	Mit diesem Zug hofft der Spieler auf Hilfe von oben.
⇆	Diese Partie kann man vorwärts und rückwärts spielen.
#	Achtung, Zaungäste!
×	Der Gegner durchkreuzt Ihren Plan.
△	Der Spieler denkt um drei Ecken.
‖	Parallel zu der Begegnung wird eine gute Partie am Nachbarbrett gespielt.
⊥	Die Stellung ist im Lot.
↻	Die Gedanken des Spielers kreisen um dieses Feld.
≫	Spielen Sie vor bis zum Matt.
≪	Stellen Sie die Grundstellung auf.
⌓	Diesem Zug folgt die Mannschaftsbesprechung im Halbkreis.

Das Loch einer Schachkombination.

Wenn Figuren rücken

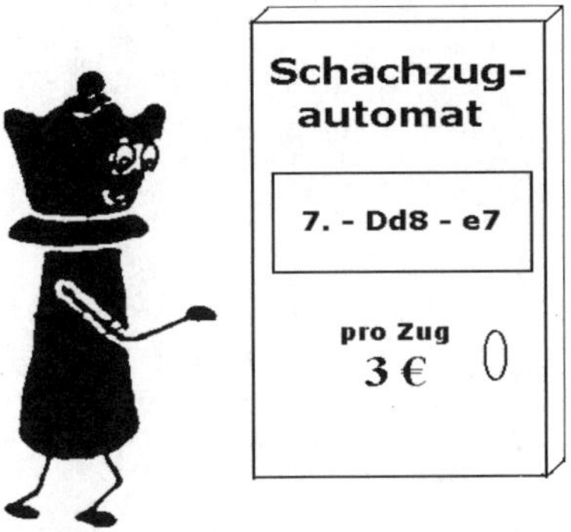

Schachfiguren, die rücken wollen, müssen zuerst eine Rückfahrkarte lösen. Am Schachzugautomaten.

Bayrische Bauern sind im großen Glück:
Sie sind versichert bei der Münchner Rück
gegen Verrücken sowie schlechte Züge,
beides kennen Figuren zur Genüge.

Dem Spieler stellen Figuren die Rück-Frage:
„Wohin werde ich gerückt in dieser Lage?".
Ein „J'adoube" statt grobem Unfug
ist dann der rettende Rück-Zug.

Haben Probleme beim Rücken: Damen, die dem Modetrend folgen und mit hohen Absätzen spielen.

Schachspieler fahren auf den besten Zug ab

Wenn Schachspieler den richtigen Zug suchen, fragen Sie den Zugschachner.

„Im Frühtau, zu Berge, wir zieh´n, fallera...“

Zugvögel bei der Arbeit.

Ein Schachzug.

Bei einem guten Schachspieler kommen nur die besten Ideen zum Zuge.

Kapitel 5:
Schach und Sport

Kapitel 5: Schach und Sport

Trendsport

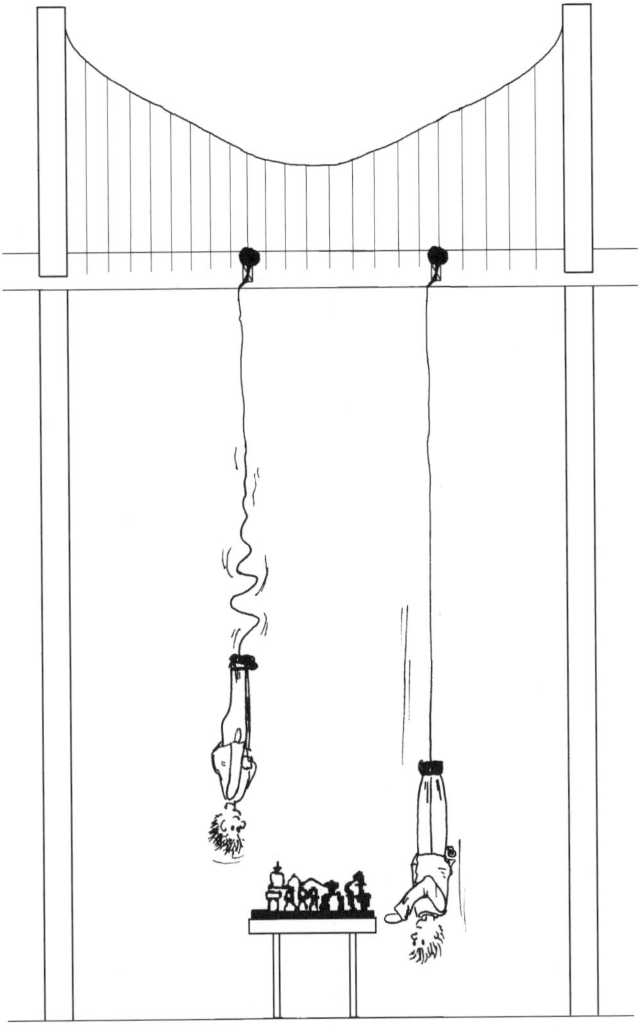

Bungee-Schach.

Rasenschach

Ein Schachstadion.

Was passiert, wenn der Fußballexperte Franz Doppelbauer eine Schachpartie im Radio kommentiert? Wir blenden uns ein...

„...da erfolgt auch schon der Anstoß von Weiß mit 1.e4, und sofort wird der weiße Bauer von seinem direkten Gegenspieler mit e5 hart bedrängt. Die weiße Mannschaft spielt in neuen weißen Stutzen von oben nach unten. Sie gilt sicherlich als leichter Favorit in der Begegnung, und der Führer der weißen Steine, der Trainer der Mannschaft, versprach mir vor dem Spiel eine offensiv geführte Partie.

Nach und nach verlassen nun die Spieler beider Parteien ihre Aufstellung, zu der sie sich zu Beginn formiert hatten, und greifen jetzt aktiv in das Spielgeschehen ein, ja, es kommt endlich Bewegung ins Spiel. Schon verständigt sich der weiße Spieler mit der Nummer 1, Sportsfreund König, der ein einzigartiges, schmuckes Käppi wegen der tiefstehenden Sonne auf seinem Kopf trägt, mit seinem Mitspieler Turm h1 für die kleine Rochade. Die weiße Spielführung ist sehr modern, denn die Gebrüder C. und F. Läufer spielen über die Flügel und kontrollieren das Mittelfeld. Das nennt man Raumdeckung in Vollendung!

Schwarz dagegen bevorzugt die Manndeckung: Es haben sich Spielerpärchen auf fast allen Linien gebildet, wie hier, weißer Bauer c4, schwarzer c5. Im schwarzen Lager will man das angestrebte Unentschieden durch eine Mauertaktik erreichen, da nur eine Sturmspitze, der mittlerweile auf die dritte Reihe vorgerückte f-Bauer, im Aufgebot steht. Wir hoffen weiterhin auf einen spannenden Schlagabtausch!

Das Spiel wird nun härter, denn eben geschah ein böses Foul des weißen Bauern: Nach einem enormen Antritt seines schwarzen Gegenspielers von d7 auf d5 boxt er den schwarzen Bauern auf e5 en passant so fest in die Rippen, dass dieser sich nun am Boden wälzt. Doch der schwache Schiedsrichter übersah diese Tätlichkeit, denn die gelbe Karte bleibt in seiner Brusttasche. Im Gegenzug jetzt eine sehr unsportliche Springergabel des schwarzen Pferdchens, das dem eben genannten weißen Bauern von hinten in die Beine grätscht. Ein Revanchefoul! Die Zuschauer sind aufgebracht, doch ihre Rauchbomben bergen die Gefahr eines erstickten Matts.

Jetzt endlich greift der Schiedsrichter ein und zeigt sowohl dem schwarzen Springer als auch dem weißen Turm – wohl wegen Meckerns - die rote Karte. Zweifellos ein strategisch und qualitativ guter Abtausch für Schwarz! Und da ist auch schon der Halbzeitpfiff nach dem 45. Zug. Die Uhr wird angehalten und das Brett gedreht. Weiß, der sich ein optisches Übergewicht erkämpfen konnte, spielt jetzt mit dem Wind.

Gleich nach Wiederbeginn zwei große Chancen für Weiß: Im 46. Spielzug kommt der völlig ungedeckte weiße Springer frei zum Schachbieten, doch knapp am Matt vorbei. Im 48. Spielzug schlägt ein weißer Läufer den schwarzen Turm h8, doch der Linienrichter hebt die Fahne: Abseits! Eine sicherlich nicht unumstrittene Entscheidung, denn die Zugwiederholung per Zeitlupe zeigt, dass der Läufer auf h8 auf gleicher Höhe mit den letzten schwarzen Figuren stand. Freizug also für Schwarz.

Weiß spielt im Angriff druck- und ideenlos. Sein Spielmacher mit der Nummer 10, die Dame, übertreibt die Einzelaktionen, indem sie mehrere Züge hintereinander ausführt. Die Mannschaft findet einfach nicht mehr zu ihrem Kombinationsspiel und ihr unterlaufen vielerlei Abspielfehler.

Kapitel 5: Schach und Sport

Langsam beginnt die Endspielphase, und die zahlreichen Unterbrechungen nutzen beide Trainer zur systematischen Endspielanalyse aus.

Beide Mannschaften kommen auf dem ungewohnt breiten, fast schon quadratischen Spielfeld kaum noch richtig zum Zuge. Auch der Eckball des weißen Läufers auf a8 konnte eben vom sicheren schwarzen Tormann abgefangen werden. Doch was jetzt? Die weißen Stürmer umringen im Strafraum den schwarzen König so hautnah, dass dieser keinen Schritt mehr machen kann. Der Schiedsrichter eilt herbei und gibt – Patt! Das Spiel ist vorbei! Ein sicherlich schmeichelhaftes Unentschieden für Schwarz, dessen Blättchen durch die viele Zeitspielerei kurz vor dem Fallen war! Das war ´s also, ich gebe zurück in die Sendezentrale. Einen schönen Abend noch und – auf Wiedersehen!"

Die Lizenz für die kommende Schachsaison bekamen manche Bundesligavereine erst in letzter Instanz zugesprochen. Die durch Einkäufe von Spielmaterial und Cola-Dosen hochverschuldeten Vereine konnten noch rechtzeitig einen privaten Fernsehsender für die Übertragungsrechte der Mannschaftskämpfe gewinnen.

Auf die Frage, ob einzelne Partien von Mannschaftskämpfen vorgespielt werden sollen, antwortete Sportexperte Karl-Heinz Rumgeschiebe: „Beim Fußball können auch nicht acht heute spielen und die anderen drei in der nächsten Woche."

Dauerkarte für alle Mannschaftskämpfe **Preis: 200 €**

Haupttribüne Sitzplatz Nr. 64

Karte auf Verlangen vorzeigen. Bei Spielabbruch keine Rückzahlung. Das Abbrennen von Feuerwerkskörpern ist untersagt. Das Mitbringen von Dosen, Flaschen, übergroßen Fahnen und Transparenten ist nicht gestattet. Keine Haftung für Sach- und Körperschäden durch herumfliegende Schachfiguren.

Der ehemalige Schach-Bundestrainer Sepp Herberger zum Blitzschach:
„16 Freunde müsst ihr sein."
„Der runde König muss ins eckige Mattfeld."
„Das Brett ist viereckig und ein Blitz-Spiel dauert 10 Minuten."

Wahre Geschichte

„Wir haben heute Fußball gespielt."
„Und wie hoch habt ihr verloren?"
„2:5."
„Wir haben nur 3,5:4,5 verloren."
„Spielst Du auch Fußball?"

Schach dem Tennis

Vor kurzem lasen wir, dass manche Tennisprofis mit ihren Gegnern Schach gespielt hätten. Wir fragten den früheren Tennisprofi Matts Wilander über die Gemeinsamkeiten zwischen Schach und Tennis:

„Matts, was haben Schach und Tennis gemeinsam?“
„Nehmen wir zum Beispiel die Springer. Die ziehen sehr angeschnitten und haben einen perfekten Drive. Oder die Türme. Sie spielt man longline. Nicht zu vergessen die Läufer, die cross über die langen Diagonalen ziehen.“

„Aber das Spielsystem ist doch völlig verschieden. Beim Tennis gibt es Sätze...“
„ ...und beim Schach Figurensätze.“

„Was ist die Parallele zum Aufschlag?“
„Natürlich der Anzug. 1.d2-d5 ist ein Aufschlagfehler. Danach ein d2-e4 führt zum Doppelfehler.“

„Was fällt Dir zu den Schacheröffnungen ein?“
„Die Grünfeld-Verteidigung ist natürlich nur auf dem Rasen von Wimbledon spielbar.“

„Aha, wir verstehen. Ein Tandemspieler ist ein Doppelspezialist, ein Grundlinienspieler spielt Lf1–e2, Sb1–d2, und ein Springer überspringt die gegnerischen Figuren; seine Spielweise ist zu vergleichen mit einem Lob.“
„Genau. Und wer im Schach beim Schienbeintreten häufiger trifft, hat die bessere Beinarbeit. Darüber hinaus rochiert Schwarz beidhändig, zumeist auf der Rückhandseite.“

„Sehr gut. Und das Spiel ist aus, wenn...“
„...die Spieler in Opposition gehen und sich die Hände reichen.“

„Matts, wir bedanken uns für das Interview.“

Aufgrund ihrer überragenden Kenntnisse von Spielen und Sätzen sind Tennisspieler in Schachvereinen gern gesehene Materialwarte.

Sportsgeist:
Geistesblitz blitzt gegen Blitzwürfel

Der Geistesblitz. *Der Blitzwürfel.*
Der Blitzableiter.

Blitzwürfeln mangelt es an Geist und Zeit,
drum stehen Blitzwürfel auch häufig breit.
Doch wie die Partie wiederbeleben,
hat diese den Geist erst aufgegeben?

Beim Geistesblitz die Figuren flitzen,
lässt dieser den Blitzwürfel abblitzen;
geistvolles Blitzen als Blitzgescheiter,
zur Schachsicherheit mit Blitzableiter.

Wie ein geölter Blitz mit blitzgescheiten Zügen
und Gedankenblitzen, die Kiebitze vergnügen,
macht der Geistesblitz allen zum Vermächtnis:
Blitzschach spielt man mit dem Kurzzeit-Gedächtnis.

Sportsgeist – nie war er so wertvoll wie heute.

Warum wird Schach nie olympische Disziplin?
Man kann sich nicht einigen, ob Sommer- oder Winterolympiade geeigneter wäre.

Schach bei den Olympischen Sommerspielen

Die Argumente zugunsten der Sommerolympiade zeigen die folgenden Sportler:

Weitspringer.

Dreispringer.

Stabhochspringer oder Steckenpferd.

Die 4x400m-Staffel der Staffelläufer, auch Königsstaffel genannt.

Schach bei den Olympischen Winterspielen

Die Argumente zugunsten der Winterolympiade zeigen diese Sportler:

Der Skiläufer.

Der Skispringer.

Ob Skiläufer oder Skispringer: Der Gewinner ist der Skikönig!
Hier freut er sich wie ein Schneekönig.

Schach-Sport, rund

Schach-Sport, quadratisch

Wir zeigen Schach von seiner Schokoladenseite:

Schach-Sport.
Quadratisch. Praktisch. Gut.

Schachspielen ist gut für die Figur. Denn würde man nicht Schach spielen, bräuchte man auch keine Schachfigur.

Kapitel 5: Schach und Sport

Kapitel 6: Schachgeschichte und Schachkultur

Vor unserer Zeitrechnung

Die Arche Noah.

Springer sind bestens dazu geeignet, in feindliche Stellungen einzudringen.

Goethes „Faust“

Angenommen, Goethe würde sich mit der heutigen Schachszene beschäftigen. Dann würde er einem Schachvereinsvorsitzenden folgende Antworten – entnommen aus seinem Werk „Faust – Der Tragödie erster Teil“ – geben.

„Können wir mit dem Interview beginnen?“
„Beisammen sind wir, fanget an!“ (Zeile 1446)

„Sie spielen schon länger Schach. Bevorzugen Sie die weißen oder die schwarzen Steine?“
„Zwei Seelen wohnen, ach! in meiner Brust.“ (1112)

„Haben Sie es im Schach schon weit gebracht?“
„Ich bin keiner von den Großen.“ (1641)

„Sie waren schon bei einem anderen Klub zum Schachtraining. Was dachten Sie danach?“
„Da steh ich nun, ich armer Tor
Und bin so klug als wie zuvor.“ (388f.)

„Sie haben inzwischen viele Schachbücher gelesen. Warum kommen Sie in unserem Verein zum Training?“
„Mit Eifer habe ich mich der Studien beflissen;
Zwar weiß ich viel, doch möchte ich alles wissen.“ (600f.)

„Sie wollen sich also verstärkt dem Schach widmen?“
„In dieser Kunst möchte ich was profitieren.“ (524)

„Finden Sie es gut, dass beim Schachtraining schriftliche Unterlagen ausgeteilt werden?“
„Ich denke mir, wie viel es nützt;
Denn was man schwarz auf weiß besitzt
Kann man getrost nach Hause tragen.“ (1965ff.)

„Wie steht es um Ihre schachlichen Erfolge?“
„Es wechselt Paradieseshelle
Mit tiefer schaudervoller Nacht.“ (253f.)

„Sie haben in der Eröffnung oft Probleme. Woher kommt das?“
„Was man nicht weiß, das eben brauchte man,
Und was man weiß, kann man nicht gebrauchen.“ (1066f.)

„Was sagen Sie zu jemanden, der meint, man könne ohne Intuition spielen?“
„Wenn Ihr ´s nicht fühlt, Ihr werdet ´s nicht erjagen,
Wenn es nicht aus der Seele dringt.“ (534f.)

„Sie kennen sich mit der Bedenkzeit aus?“
„Fünf Stunden habt Ihr jeden Tag.“ (1956)

„Imponiert Ihnen eigentlich Garri Kasparov?“
„Du lieber Gott! Was so ein Mann
Nicht alles, alles denken kann! (3211f.)
Oh glücklich, wer von seinen Gaben
Solch einen Vorteil ziehen kann.“ (1013f.)

„Ihr Verein denkt noch immer an den Aufstieg. Was ist Ihre Meinung dazu?“
„Die Botschaft hör´ ich wohl,
Allein mir fehlt der Glaube.“ (765)
„O glücklich, wer noch hoffen kann.“ (1064)

„Was sagen Sie zu Ihrem kleinen Schachverein?“
„Es ist ein muntrer Klub beisammen.
Im kleinen ist man nicht allein.“ (4035f.)

„Sie können Ihren Schachverein also empfehlen?“
„Zufrieden jauchzet groß und klein:
Hier bin ich Mensch, hier darf ich ´s sein!“ (939f.)

Die Skalpsammlung schachspielender Indianer.

Schillers „Wilhelm Tell“

Eine Sage aus vergangener Zeit und aus einem anderen Land, doch nicht ohne Bedeutung für uns. Was hat uns Schillers „Wilhelm Tell“ heute noch zu sagen?

„Warum finden gerade viele Schachweltmeisterschaften statt?“
„Das Spiel ist würdig und der Preis ist groß.“

„Wann sollte man mit dem Schachspiel beginnen?“
„Früh übt sich, wer ein Meister werden will.“

„Was ist wichtig beim Schachspielen?“
„Die einz´ge Tat ist jetzt Geduld und Schweigen.“

„Was ist ein wichtiger Merksatz im Schachspiel?“
„Gedrohtem Übel wollen wir begegnen.“

„Ihnen missfallen plumpe Fallen?“
„So offen dürfen wir das Werk nicht treiben.“

„Was sollte man beim Blitzschach berücksichtigen?“
„Wer gar zu viel bedenkt, wird wenig leisten.“

„Sie waren vorher schon bei einem anderen Verein?“
„O denket nicht des Irrtums meiner Jugend.“

„Warum gehen Sie bei Ihrem Verein ins Schachtraining?“
„Aufmerkend hört´ ich da manch kluges Wort.“

„Die Saisonabschlussfeier Ihres Vereins scheint gelungen zu sein!?“
„Seht, welch ein Fest! Des Tages werden sich
Die Kinder spät als Greise noch erinnern.“

„Wilhelm Tell“ ist also in Wahrheit ein Schachbuch. Aber das erfährt man im Deutschunterricht nicht.

Erinnern Sie sich?

- „Hier stehe ich und kann nicht anders!“ Martin Luther, pattgesetzt, wenn auch nicht als König, sondern vor dem König.

- *Zugzwang: Schach im Wilden Westen.*

- Der schwarze König begab sich nach einem Putsch ins Exil aufs Halmabrett.

- Turnier zu Ostende. Schlechter spielt gegen Janowski. Eine Traube von Zuschauern hat sich um die Spieler gebildet. Ein weiterer Zuschauer tritt hinzu und fragt einen der Anwesenden: „Wer ist Schlechter?“. Darauf der Angesprochene: „Janowski.“

- Gegen die Einführung des 65. Schachfeldes westlich des Feldes a1 protestierten vor 35 Jahren 50000 Schachspieler in Frankfurt.

- Ein Jahr später beteiligten sich die deutschen Schachspieler an einer Friedensdemonstration und schlugen auf ihren Transparenten als doppelte Nulllösung die kleine Rochade vor.

- *Der Zauberwürfel.*

- Während der Falkland-Krise durfte kein argentinischer Schachspieler die Englische Eröffnung spielen.

Schachkunst

Stillleben.

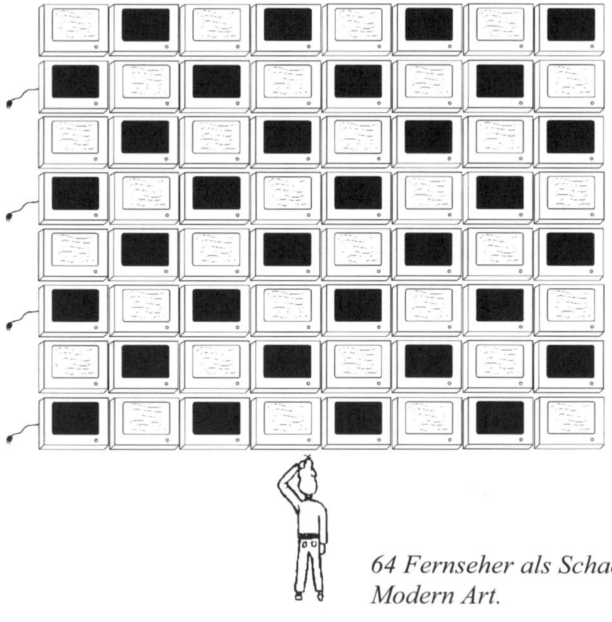

64 Fernseher als Schachbrett: Modern Art.

Ein Künstler. *Ein Schachkünstler.*

Manche spielen Schach, um sich zu sammeln, andere, um sich zu zerstreuen.

Aus der Schachgeschichte der Länder

Die Schachregeln sind international. Nicht durchsetzen konnten sich diese länderspezifischen Verbesserungsvorschläge:

Deutschland: Hier wollte man nach dem BSE-Skandal die Gangart der Bauern ändern, damit der achtköpfige Bauernverbandsvorstand nicht nur vor-, sondern auch zurücktreten kann.

England: Die Engländer spielen mit Links. Daher wollten sie auch den Linksverkehr einführen: Die Damen auf e1 und e8, die Könige auf d1 und d8.

Schweden: Statt in schwarz/weiß wollte man in den Landesfarben blau/gelb spielen. Alleinlieferant der bemalten Holzfiguren sollte SCHIKEA sein.

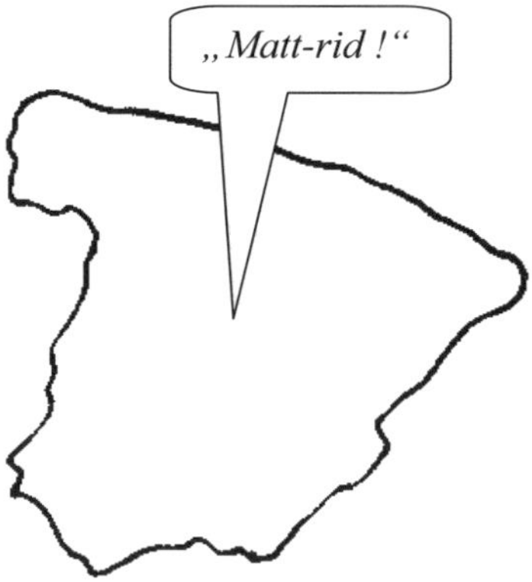

Das Ende einer Spanischen Partie.

Nicht jeder, der Italienisch spielt, spielt auch einen Stiefel zusammen.

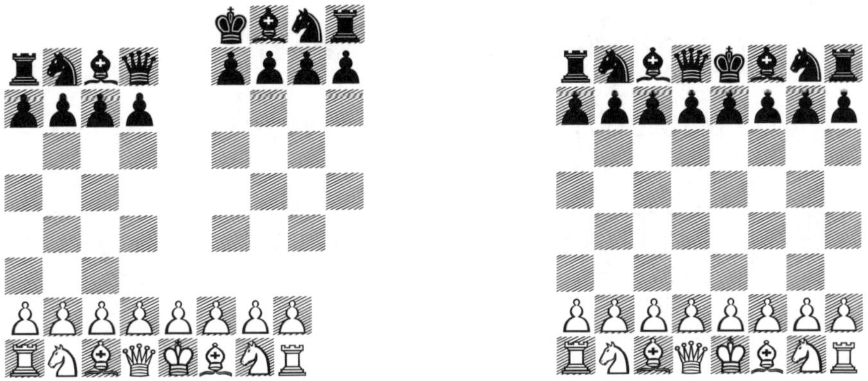

Die Wiedervereinigung des deutschen Schachspiels (1990).

Armstrong und Aldrin waren nur hierher gekommen, um in aller Ruhe eine Partie Schach zu spielen, und dann das...

So mancher Versuch scheiterte, Schach populärer zu machen

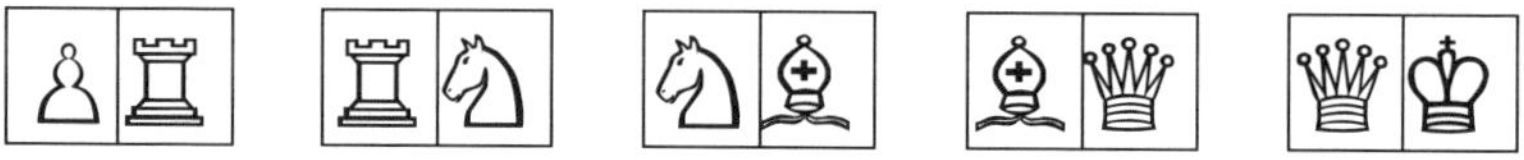

➢ *Domino-Schach,*

➢ *Karten-Schach,*

➢ *Bauchtanz-Schach.*

Da die Qualität der Partien nachließ, wurden nicht nur die Bauchtänzerinnen beim Schach wieder abgeschafft, sondern auch...

- *die Chessleaders und*

- *das Nummerngirl.*

Der Einfluss des Schachspiels auf die Physik

Oft wird der Einfluss des Schachspiels auf die Naturwissenschaften unterschätzt, obwohl unsere heutige Welt ohne die wichtigen Erkenntnisse, die bekannte Physiker aus dem Schachspiel zogen, nicht denkbar wäre. Die folgende Zeittafel zeigt einige Beispiele auf, wie über das königliche Spiel wichtige physikalische Naturgesetze hergeleitet werden konnten:

1611	Galilei spielt Schach und begründet den Impulserhaltungssatz: Mit der Geschwindigkeit, mit der er mit seinem Turm den gegnerischen schlägt, fliegt dieser vom Brett.
1687	Newton postuliert in einem Schachcafe den Energieerhaltungssatz: Die geistige Energie, die man zum Durchrechnen einer Kombination benötigt, ist gleich der Energie, mit der man sich ärgert, weil die Kombination nicht geklappt hat.
1769	Watt realisiert die Gefahr des Springers durch seine überraschende Gangart und führt die Pferdestärke PS ein.
1843	Doppler beweist die Schwäche des Doppelbauern und erforscht den Dopplereffekt.
1877	Boltzmann sitzt vor einer schwierigen Mittelspielstellung und begründet das Gesetz der maximalen Entropie, das Streben eines Systems zur maximalen Unordnung.
1879	Maxwell erkennt die unterschiedliche Bedeutung der Schachfelder und veröffentlicht seine Feldtheorie.
1905	Einstein bemerkt, dass es relativ wenig gute und relativ viele schlechte Züge gibt und veröffentlicht seine Relativitätstheorie.
1908	Drei Jahre später stellt er fest, dass man am Ende weniger Figuren hat als am Anfang und begründet den Massendefekt.
1927	Heisenberg misslingt eine Kombination, weil er sie nicht scharf genug durchgerechnet hat, und er führt die Unschärferelation ein.
1967	C. F. von Weizsäcker bestaunt einige Blitzspieler und erstellt das theoretische Fundament zum Bau eines Schnellen Brüters.

Der Einfluss des Schachspiels auf die Mathematik

ca. 600 v. C. Thales schaut sich die beiden Farben des Schachbretts an und definiert das Dualsystem:

1	**0**	**1**	**0**	**1**	**0**	**1**	**0**
0	**1**	**0**	**1**	**0**	**1**	**0**	**1**
1	**0**	**1**	**0**	**1**	**0**	**1**	**0**
0	**1**	**0**	**1**	**0**	**1**	**0**	**1**
1	**0**	**1**	**0**	**1**	**0**	**1**	**0**
0	**1**	**0**	**1**	**0**	**1**	**0**	**1**
1	**0**	**1**	**0**	**1**	**0**	**1**	**0**
0	**1**	**0**	**1**	**0**	**1**	**0**	**1**

ca. 500 v. C. Pythagoras nimmt als Basis seiner Rechnungen die Anzahl der Reihen und Linien und führt das Oktalsystem ein.

ca. 300 v. C. Euclid addiert die Anzahl seiner Bauern und Figuren und ergänzt das Hexadezimalsystem.

ca. 250 v. C. Archimedes schaut sich die Grundstellung an und entdeckt die Anfangsbedingung.

1202 Fibonacci erkennt die Schwierigkeit, die eigenen acht Bauern zu unterscheiden, und entwickelt den Ähnlichkeitssatz.

1649 Pascal lernt, wie man seine Figuren entwickelt, und definiert den Entwicklungssatz.

1713 Bernoulli verlegt einen Mannschaftskampf und postuliert den Verschiebungssatz.

1801 Gauss will wissen, wie wichtig der ideale Aufbau der Figuren ist, und erforscht das Superpositionstheorem.

1772 Euler sieht den großen Wert guter Züge und ergänzt die Fakultät „!“.

1822 Fourier gelingt ein Narrenmatt und erfindet die Matt-trix:

$$\begin{pmatrix} \text{1.g4} & \text{1. ...e5} \\ \text{2.f3} & \text{2. ...Dh4\#} \end{pmatrix} \cdot \begin{pmatrix} \text{weiß} \\ \text{schwarz} \end{pmatrix} = \begin{pmatrix} 0 \\ 1 \end{pmatrix}$$

Der Einfluss des Schachspiels auf die Elektrotechnik

Auch wenn die Entwicklung des Farbfernsehens für die Übertragung von Schachwettkämpfen nicht unbedingt notwendig war, so freuen sich Schachspieler doch über elektrotechnische Neuerungen, die durch das Schachspiel vorangetrieben wurden:

1809	Ohm bemerkt den linearen Zusammenhang zwischen dem Widerstand des Schwarzspielers gegen die weißen Angriffe, der Spannung der Partie sowie dem Zuschauerstrom am Brett und postuliert das Ohmsche Gesetz.
1811	Farad und Henry stellen in ihrer gemeinsamen Partie fest, dass die Kapazitäten des Schachs ein großes Eröffnungsrepertoire herunterspulen, und erfinden Kapazität und Spule.
1813	Volta beobachtet ein Simultanspiel und erfindet die Reihenschaltung.
1814	Ampère sieht einen Mannschaftskampf und entwickelt die Parallelschaltung.

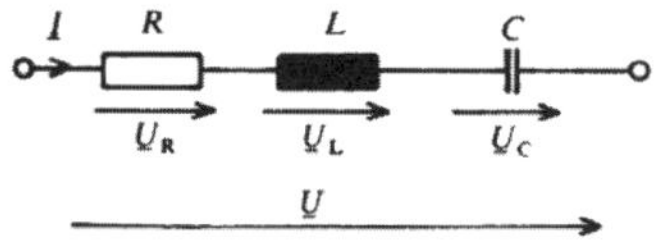

Simultanspiel

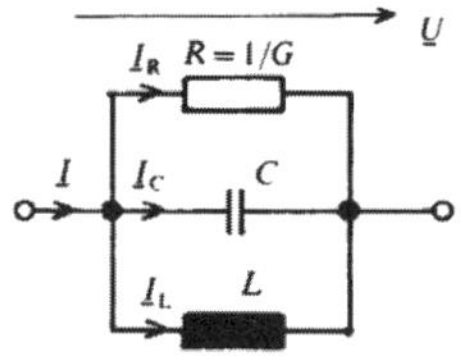

Mannschaftskampf

1876	Edison nimmt wahr, dass sein Anzugsvorteil abhanden gekommen ist, und definiert den Ausgleichsvorgang.
1877	Bell erkennt die drei Partieabschnitte Eröffnung, Mittelspiel und Endspiel, und entwickelt das Dreiphasensystem.
1888	Hertz stellt seine Dame ein und erforscht den Kurzschluss.
1951	Wiener entwickelt anhand der „Berührt-Geführt"-Regel das Abtasttheorem.
1952	Zuse registriert zwei Remisschieber und erfindet das Schieberegister.

Der Einfluss des Schachspiels auf die Informatik

Wie wurde aus dem Tandemspiel die Parallelschnittstelle Gameport entwickelt? Wie kam man von der Schachuhr zum Zeitserver? Was haben Stellungsdruck und Druckauftrag gemeinsam? Was Läufer und Laufwerk? Wie wurde aus dem abwechselnden Ziehen von Schwarz und Weiß das Duplex-Verfahren entwickelt? Wie aus der Einigung von Remisschiebern das Handshaking? Hier die Chronologie der Erfindungen von Bill Games:

1962	Er definiert das Bit anhand der Schachfarben mit den Zuständen Schwarz und Weiß.
1963	Er baut die erste CPU, die Chess Processing Unit.
1964	Er erkennt die Feldbezeichnungen und erfindet die Bausteinadressen.
1968	Er hat dreimal die gleiche Stellung und entwickelt die Endlosschleife.
1969	Er hört Bemerkungen seitens der Kiebitze und ergänzt in seinen Programmen Kommentare.
1970	Er beobachtet, dass nach der Partie die Figuren in der Grundstellung neu aufgestellt werden, und erfindet die Neuformatierung.
1971	Er sieht die Freude nach einem Sieg und entwickelt den Sprungbefehl.
1972	Er schreibt verschachtelte Programme. Damit gelingt ihm der Durchbruch zum Schachcomputer.

```
if bauern_aufstellen
  then                                    {
    j=2;
    for (i=1; i<=8; i++)
      weisser_bauer[j,i]=gesetzt;
    j=7;
    for (i=1; i<=8; i++)
      schwarzer_bauer[j,i]=gesetzt        }
end # Bauern aufgestellt
```

Auszug aus dem ersten Schachprogramm in der Programmiersprache Chess, abgekürzt C.

Schach und Musik

Die Schachplatte, der Vorläufer der Chess Disk („CD“).

Mittlerweile hat die Beatles-Euphorie auch das Schachbrett erreicht.

Als die Loveparade unter dem Motto „Love, Peace and Harmony“ lief, verdoppelte sich die Zahl der Remisangebote in Berlin und Zürich.

Schach bei Film und Fernsehen

Die erfolgreichsten Schachsendungen im deutschen Fernsehen:

- Das Wort zum Sonntag.
- Einer wird gewinnen.
- Talk im Turm.

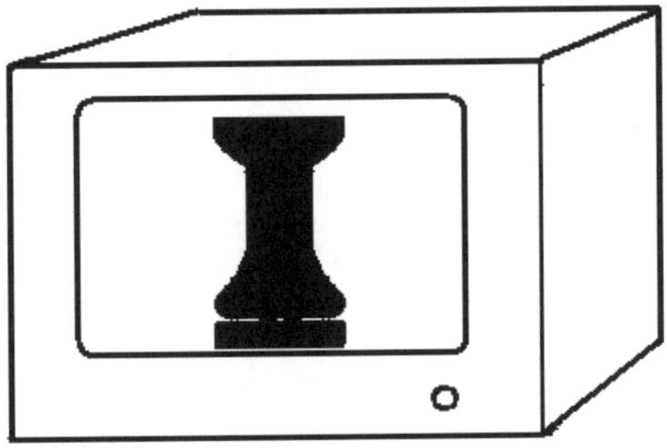

Die erfolgreichsten Schachfilme der Filmgeschichte:

- Eine Dame verschwindet.
- Ein Offizier und Gentleman.
- Trainspotting: Der Kultfilm über Zugwiederholungen.

Psycho.

Kapitel 7:
Schachsicherheit und Schachverkehr

Hängepartien
212 169-7
Schach ist ein
gefährlicher Sport

Der sichere Schachplatz

Nach den neuen Unfallvorschriften der Berufsgenossenschaft der Schachsicherheit sind bei einer Schachpartie folgende Sicherheitsvorschriften einzuhalten:

- Schach darf nur gespielt werden von einer Schachfachkraft oder einer schachlich unterwiesenen Person.
- Zum Schutz vor herumfliegenden Schachfiguren sowie Schachstaub sind während der Partie zu tragen: Atemschutz, Gesichtsschutz, Schutzhelm, Schutzbrille, Schutzanzug, Schutzhandschuhe und Sicherheitsschuhe.
- Bei einer Lärmemission der Uhr > 64 dB ist innerhalb des gekennzeichneten Lärmbereichs ein Gehörschutz zu tragen.
- Schwere Gartenschachfiguren sind mit einem Hubwagen zu bewegen.
- Geschlagene Figuren und andere Abfälle sind ohne Rückstände zu entfernen.
- Pro Mannschaftskampf ist ein Erste-Hilfe-Plakat aufzuhängen und ein Ersthelfer vom Gastgeber zu stellen.
- Einzelbauern sind gemäß den Isolierungsvorschriften zu vermeiden.
- Gegen unbefugtes Betreten ist der Schachplatz mit Warnlampen und -schildern sowie einem rot-weißen Band im Abstand von einem Meter zum Spieltisch abzugrenzen und als Schachplatz zu kennzeichnen – insbesondere dann, wenn die Kombination eines Spielers ein Loch hat.

Vorbildlicher Schachschutz.

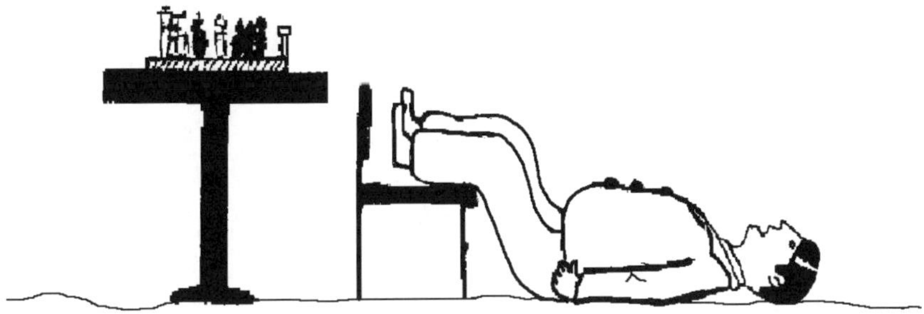

Großer Schock nach grobem Bock: Nach einem schlechten Zug bringt man als Erste-Hilfe-Maßnahme den Spieler in die Stabile Schachschock-Lage.

Buchhinweis: Schachsicherheit bei Bildschirmschachplätzen. Wie Sie Ihren Schach-PC korrekt aufstellen, Springer-Verlag, 15 €.

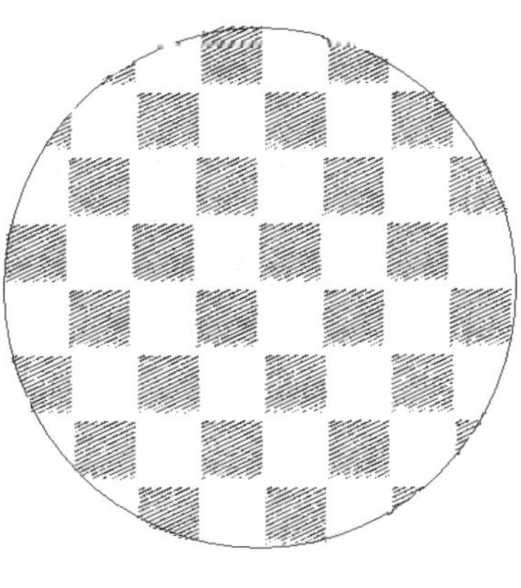

Um das Verletzungsrisiko zu minimieren, sollen die Ecken des Schachspiels abgerundet werden.

Aus den Richtlinien zur Schachsicherheit

Schachstauballergie aufgrund Figurenabrieb: Sauberkeit am Schachplatz schützt!

Zur Erhöhung der Schachsicherheit müssen beim Schachspielen im Dunkeln die schwarzen Figuren eine Lampe tragen.

Bei Nebel muss man von der ersten Reihe auf die achte schauen können, sonst wird die Partie abgebrochen.

Schachspieler leben gefährlich

Seit Jahresbeginn ist eine medizinische Erstversorgung bei Schachturnieren vorgeschrieben. Der Erste-Hilfe-Koffer für Schachsportunfälle enthält:

- Verbandszeug, falls der Verein in der Verbandsliga spielt.
- Gegengifte, falls vergiftete Bauern auftreten.
- Wundsalben zur Behandlung von Fesselungen.
- Sauerstoffflaschen bei erstickten Matts.
- Aufbaupräparate, wenn jemand matt ist.

Auf dem Kinderspielplatz nicht ungefährlich: Eine Rutschpartie Schach.

Auch für Schachspieler soll ein fälschungssicherer Spielerausweis eingeführt werden. Dabei soll der betreffende Spieler in Plastik geschweißt werden. Der Pass ist absolut fälschungssicher, der Spieler jedoch ist nicht mehr zu gebrauchen.

Der Schach-Führerschein

Der Deutsche Schachbund ist um mehr Ordnung auf dem Schachbrett bemüht. Probeweise sollen deshalb Verbots- und Hinweisschilder eingeführt werden. Damit verbunden ist der Schachführerschein. Hier der theoretische Prüfungsteil, es ist jeweils nur eine Antwort richtig!

- Auf diesem Brett dürfen Figuren parken.
- Dieses Feld ist für Pferde reserviert.
- Alle Pferde vom Brett.

- In 30 Zügen sind Sie matt.
- In 30 Minuten fällt Ihr Blättchen.
- Sie haben heute noch 30 Gegner.

- Das war ein guter Zug.
- Dieser Zug birgt Gefahr.
- Dieses Feld ist nicht einbruchsicher.

- Hier dürfen nur Türme stehen.
- Die Sackgasse endet mit der achten Reihe.
- Ihr Angriff ist gleich am Ende.

- Hier darf nur Weiß schlagen.
- Mit diesem Zug hat man sein Kreuz.
- Hier kreuzten Kasparov und Kramnik die Klingen.

- Achtung, Steinschlag: Ihr Stein kann geschlagen werden!
- Ihr Gegner ist ein harter Brocken.
- Achtung, Ihre Stellung bricht zusammen!

- Sie sind am Zug.
- Achtung, Zugluft.
- Achtung, Gegner raucht!

- Mit diesem Zug schaufeln Sie sich Ihr Grab.
- Vorsicht, Gegner stellt eine Falle.
- Ihre Kombination hat ein Loch.

- Ihr Gegner spielt tierisch gut.
- In Ihrem Kaffee ist bereits Milch.
- Achtung, Ihre Bauern werden abgegrast!

- Ihre Gewinnmanöver bewegen sich im Kreis.
- Ihr Gegner spielt Sie schwindelig.
- Die Schachfiguren sind wiederverwertbar.

- Ziehen Sie links vorbei!
- Ziehen Sie links in die Ecke nach a1 (h8)!
- Werfen Sie ´mal einen Blick nach links auf Ihre Uhr!

- Auf diesem Stuhl dürfen Sie nur 6 Stunden parken.
- In 6 Zügen patzen Sie.
- Bei Ihrer Partie verliert Ihr Coach 6 Pfund.

- Achtung, Pferd kommt von rechts.
- Beim letzten Zug ging Ihnen der Gaul durch.
- Ihr Gegner siegt gleich im Galopp.

- Dem Zug des Gegners ist Vorfahrt zu gewähren.
- Stoppen Sie des Gegners Mattkombination.
- Sie können die Uhr anhalten.

- Sie bewegen sich auf schmalem Grat.
- Sehen Sie Ihren Figurenverlust doch nicht so eng.
- Ihre Stellung befindet sich noch in der Remisbreite.

- In Ihrer Stellung ist guter Rad teuer.
- Ihr Mitspieler hat Ihnen den besten Zug fahrraden.
- Den Freibauern müssen Sie per Rad einholen.

- Sie sollten sich ein Luftloch machen.
- Beim nächsten Zug fallen Sie aus allen Wolken.
- Achtung, Ihre Eröffnungs-Spickerei fliegt auf!

- Ihr Gegner führt Sie aufs Glatteis!
- Das Endspiel ist für Sie glatt verloren.
- Hier spielt man im Rutschsystem.

- Haben Sie vom Mühlespiel etwas zu verzollen?
- Zollen Sie Ihrem Gegner mehr Respekt!
- Die Qualität Ihrer Züge hat Grenzen.

- Mit Ihren Gewinnchancen geht es 10% bergab.
- Zur nächsten Reihe besteht ein 10%-iges Gefälle.
- Ihre Stellung gefällt Ihnen nur noch zu 10%.

- Das Schachspiel wurde im Windkanal getestet.
- Ihr Gegner ist ein windiger Bursche.
- Ihr Gegner hat von Ihrem Plan Wind bekommen.

- Drei Spieler haben Schachbücher in ihren Autos.
- Mit drei guten Zügen will Sie Ihr Gegner jetzt überfahren.
- Achtung, Trippelbauer droht!

- Achtung, Gegner raucht!
- Hier droht ein ersticktes Matt.
- Sie Müssen Ordentlich Gasgebenumhierremiszuhalten.

Dauerschach.

Steinschlag.

Wanderkönig.

Turnier mit Großmeistern.

Turnier mit Schönheitspreis.

Turnier ohne Rauchverbot.

Blitzturnier.

Jugendturnier.

Remis.

Schach und Autos

Schnellschach.

Welche Art von Auto ist hier dargestellt?

Zweisitzer.

Als Fans von Quadraten fahren Schachspieler einen Audi Quattro.

Schachspieler aus Holland.

Rennsportfans legen ihre Schachspiele tiefer.

Schachspieler kaufen ungern Autos, die schachstoffarm sind, über keine Automattik verfügen und keine karierten Sitzpolster haben.

Kapitel 8: Schach in Politik und Wirtschaft

Der Berliner Schachclub

Was macht eigentlich die Regierung den lieben langen Tag? Wofür sind all die vielen Ministerien zuständig?

Bundeskanzleramt:	Es kennt sich auf allen Feldern (a1-h8) aus.
Außenministerium:	Es kennt sich auch auf den Nachbarbrettern aus.
Innenministerium:	Es löst die Spannungen im Innern.
Justizministerium:	Es ist verantwortlich dafür, dass am Brett alles mit rechten Dingen zugeht.
Finanzministerium:	Es bezahlt das Spektakel.
Verteidigungsministerium:	Es berät jene, die in der Verteidigung spielen.
Landwirtschaftsministerium:	Es bemüht sich besonders um Bauern und Pferde.
Frauenministerium:	Es hilft besonders den Damen.
Bauministerium:	Es sorgt sich um den Aufbau guter Stellungen.
Forschungsministerium:	Es erforscht neue Varianten.
Entwicklungsministerium:	Es leistet seinen Beitrag zur Entwicklung guter Stellungen.
Verkehrsministerium:	Es ist zuständig für gute Züge.

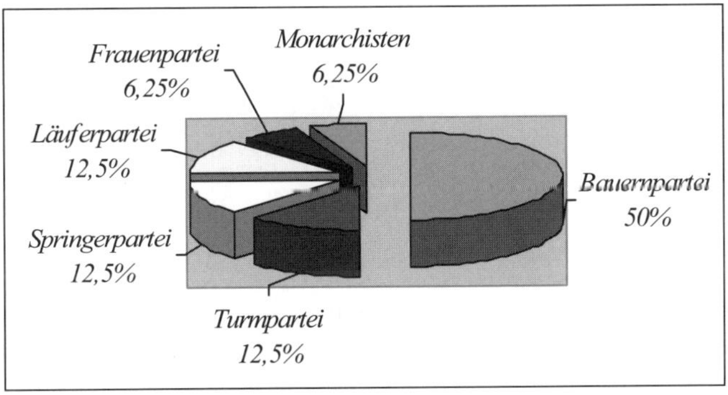

Die Sitzverteilung im Deutschen Bundestag.

Für eine schwarz-weiße Koalitionsregierung nach der nächsten Landtagswahl sprechen sich die hessischen Schachspieler aus.

Schachsteuern und Schachversicherungen

„Ich hoffe, ich störe nicht. Brauchen Sie eine Rechtsschutzversicherung?“

Nachdem die Haftpflichtversicherungsbeiträge für Magnet-Schach erhöht wurden, hat nun auch die Bundesregierung die Schachspieler ins Visier genommen. Sie will im kommenden Jahr Schachsteuern erheben:

- Setzt ein Spieler Figuren um, bezahlt er dafür Umsetzsteuer.
- Wandelt ein Spieler Bauern in Damen um, entrichtet er eine Mehrwertsteuer.
- Ist ein Spieler mehrere Figuren im Vorteil, entrichtet er Vermögensteuer.
- Spielt er mit vergifteten Bauern und erstickten Matts, wird Ökosteuer fällig.
- Bekommt er eine Figur geschenkt, entrichtet er eine Schenkungsteuer.
- Versichert ein Spieler seinen Mannschaftskameraden, er werde gewinnen, und verliert dennoch, bezahlt er Versicherungssteuer.
- Agiert der Weißspieler ausschließlich am Damenflügel, erhöht sich sein Solidaritätszuschlag für den Aufbau Ost des strukturschwachen Königsflügels (gilt auch umgekehrt für den Schwarzspieler).

Daneben hat das Schachspielen auch Auswirkungen auf verschiedene Versicherungen:

- Lässt ein Spieler die Anlage für eine gepflegte Partie vermissen, erhöhen sich seine Beiträge zur Pflegeversicherung.
- Stellt ein Spieler seine Figuren zu passiv auf, muss er mehr einzahlen in die Arbeitslosenversicherung.
- Verlängert ein Spieler in einer toten Remisstellung die Partie, steigen seine Rentenbeiträge aufgrund der höheren Lebenserwartung der Könige.
- Lässt eine Mannschaft das erste Brett chronisch unbesetzt, steigen ihre Beiträge zur gesetzlichen Krankenversicherung.

Der Euro

Was bedeutete die Euro-Einführung für den deutschen Schachspieler?

- Für einen Sieg gibt es nur noch einen halben, für ein Remis einen Viertelpunkt.
- Die Eröffnungen in Französisch, Italienisch, Holländisch, Sizilianisch und Spanisch wurden automatisch auf die Gemeinschaftseröffnung Euro umgestellt.
- Bei einer Bauernumwandlung von einem französischen Bauern in eine spanische Dame entfällt die lästige Umtauschgebühr des Materialwarts.

Was viele nicht wissen: Die EZB (Die Europäischen Zentralbauern) reichten zur Gestaltung der €-Münzen und -Scheine eigene Vorschläge ein (siehe Abbildung), die leider nicht angenommen wurden:

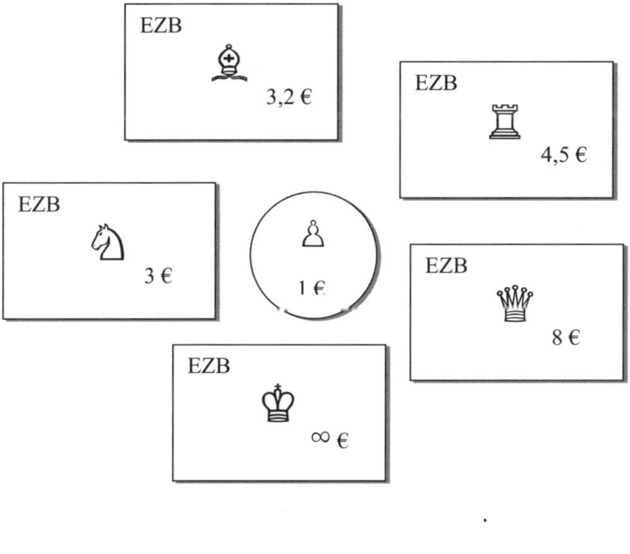

Wer Schachpartien verpatzt oder vergeigt oder verpatzte oder vergeigte Schachpartien sich verschafft und in Verkehr bringt, wird mit Monopoly nicht unter fünf Stunden bestraft.

Die Schachaktie

In Zeiten fallender Zinsen und fallender Blättchen emittierte unser Schachverein eine Schachaktie für den Kauf von Spielmaterial. Die Wertentwicklung:

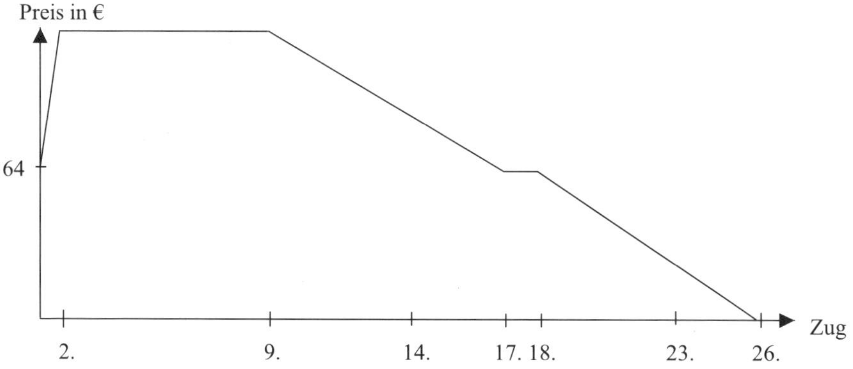

Wie kam es zu diesem Kursverfall?

2. Zug:	Nachdem wir als Schwarzer Französisch gewählt und im ersten Zug den e-Bauern um ein Feld vorgesetzt hatten, haben wir im zweiten Zug den d-Bauern um zwei Felder umgesetzt. Mit einem kräftigen Kursanstieg honoriert die Börse unser 100%-iges Umsetzplus.
9. Zug:	Während Zug für Zug alle Figuren positioniert werden, haben sich auch die Aktionäre positioniert.
14. Zug:	Nach Schwächen in der Stellung wird auch die Aktie schwächer.
17. Zug:	Die Analysten von der Schachsparkasse glauben durch die Bank, dass die Position zu halten ist. Sie beurteilen die Aktie daher als Halteposition.
18. Zug:	Da der Gegner auf die Stellung zunehmend Druck ausübt, kommt auch die Aktie unter Druck.
23. Zug:	Als wir eine Figur einstellen, ändern auch die letzten Aktionäre ihre Einstellung.
26. Zug:	Geschäfts-Aufgabe.

Wie sich Schachvereine sanieren

Zwei renommierte Verlage sind als Werbeträger bei Schachfiguren eingestiegen:

Bei Schwarz der Springer-Verlag

und bei Weiß der Bauer-Verlag.

Panoramarundflug übers Schachturnier für den gutsituierten Kiebitz.

Zweitjobs für Schachspieler: Dienstleistungen in Zeiten der Rezession

Der Vor-Eintreffen-des-Spielers-dessen-Platz-Vorwärmer.

Der-für-den-sich-in-Zeitnot-befindlichen-Spieler-auf-die-Toilette-Geher.

Die zweite Dame.
Stellt sich, falls keine andere Figur zur Hand ist, als Ersatzdame bereit.
Gegen Aufpreis auch als andere Figur.

Der Schachfigurenaufsteller.

Unternehmensberater erhöhen die Spielstärke

Was nützt einem der schönste Sieg, wenn man nicht gewinnt?

Ein Sieg im Schach muss nicht prachtvoll, aber vollbracht sein!

Unternehmensberater haben sich typische Partieverläufe angeschaut und zeigen nachfolgend den Weg für eine erfolgreiche Schachpartie auf:

Steigern Sie die **Wertschöpfung** der Partie, indem Sie Ihre Bauern in Damen umwandeln! Treiben Sie **Fusionen** voran und fressen Sie möglichst viele gegnerische Figuren! Die sich dadurch ergebenden **Synergieeffekte** können Sie noch zusätzlich steigern, indem Sie in nur einer Bewegung zwei Figuren versetzen und die Rochade mit nur einer Hand ausführen! Wichtig ist dabei, als **Global Player** aufzutreten, also sowohl den Damen- als auch den Königsflügel zu kontrollieren! Zeigen Sie Ihre **Corporate Identity** und hängen Sie sich Ihre Vereinsmeister-Plakette um! Schnüren Sie ein **Arbeitspaket** und versuchen Sie die **Benchmarks** zu schlagen, also in der Tabelle besser zu stehen als Ihr Lokalkonkurrent! Setzen Sie das **Total Quality Management** um und spielen Sie immer den besten Zug! Aber vergessen Sie dabei nicht, alle Züge im Hinblick auf die angestrebte **ISO 9000–Zertifizierung** auch ganz genau aufzuschreiben! Stellen Sie eine **Task Force** zusammen, um bei schwierigen Stellungen Helfer im Hintergrund zu haben! Wenn Sie mit Ihrem Trainer unzufrieden sind, werfen Sie ihn bei einem **Kick Off Meeting** hinaus! Leben Sie **Shareholder Value** und stellen Sie Ihren Schachmäzen zufrieden! Bewahren Sie stets Ihre **Visionen**, und glauben Sie auch in verlorenen Stellungen noch an den Sieg!

Schachberater. Da bleibt kein Stein auf dem anderen.

Aufgrund einer gemeinsamen Plattformstrategie soll das Schachspiel mit dem Damespiel fusionieren.

Neue Schachfiguren

Aus Kostengründen werden Schachfiguren zunehmend durch Fremdarbeitnehmer ersetzt. Bestes Beispiel: der „falsche Läufer". Gute Einstellungschancen haben:

- das Zugvieh, insbesondere der Zugochse,
- der Steinmarder,
- der Schachbrettfalter,
- das Nilpferd,
- die Springmaus,
- der Turmfalke,
- der Igel von der Igelstellung,
- alle Arten von Weißfischen und Schwarzwild.

Der Igel von der Igelstellung.

Von den Bewerbern wird eine große Mobilität erwartet, da eine uneingeschränkte Umzugsbereitschaft auch auf weit entfernte Felder notwendig ist. Auf die Motivation zur Weiterbildung jedoch wird kein besonderer Wert gelegt, da sich die Schachregeln seit Jahrhunderten nicht geändert haben.

Der Springer war ratlos.
Sein Gegenüber sah aus wie eine Schachfigur, war aber keine.

Schachspieler sind gute Personalchefs. Sie wissen, wie man Figuren einstellt.

Schach-Management

Um sich im beinharten Schachwettbewerb erfolgreich behaupten zu können, führt der König sein Team wie ein modernes Industrieunternehmen:

- Er mietet ein quadratisches Großraumbüro mit 64 Arbeitsinseln.
- Er besetzt das Linienmanagement mit Türmen.
- Er standardisiert den Eröffnungsprozess und bevorzugt Zentrumsbauern gegenüber Randbauern in der Entwicklungsabteilung.
- Er dokumentiert jeden Zug durch einen Bericht auf einem Partieformular.
- Er zeigt sich als Vorbild einer Kleingruppenarbeit während der Rochade mit dem Turm.
- Er motiviert Springer und Läufer zum Schlagen gegnerischer Türme innerhalb seines Qualitätsmanagements.
- Er besetzt das Änderungswesen mit Figuren, die ihre Züge zurücknehmen.
- Er gestaltet leistungsbezogene 40 Züge-Verträge mit Gehaltsangaben in €lo.
- Er achtet als Controller auf die Termintreue von 40 Zügen in 2 Stunden.
- Er hält die kaufmännische Abteilung nach jedem Spiel an, die Umsatzrendite zu berechnen:

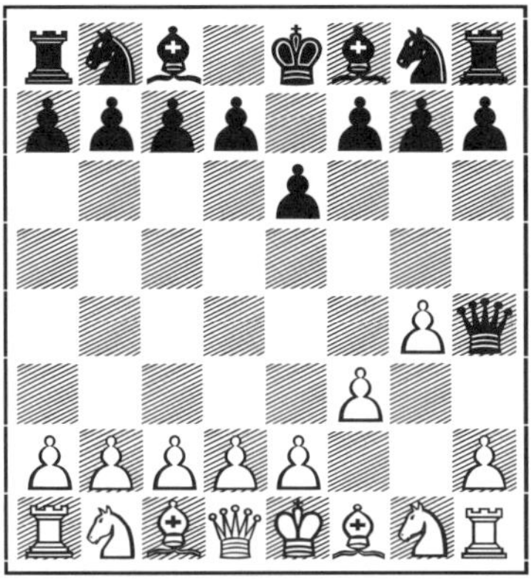

Hier erreichte Schwarz eine maximale Umsatzrendite: Nur zwei Figuren sind umgesetzt, der Gewinn beläuft sich auf einen Punkt, die Umsatzrendite (Gewinn geteilt durch Umsatz) ist gleich ½=50%.

Der moderne König trägt auch Sorge für seine Mitarbeiter. Zwar sind Restrukturierungen bei Schachmitarbeitern unausweichlich, da sich mit jedem Zug der Arbeitsort mindestens einer Figur ändert, doch Entlassungen vermeidet der König. Langjährige Beobachtungen haben ihm gezeigt, dass er umso erfolgreicher spielt, je mehr Schachfiguren er hat:

Durchschnittliche Anzahl der Schachstein-Mitarbeiter während einer Gewinn-, Remis- und Verlustpartie

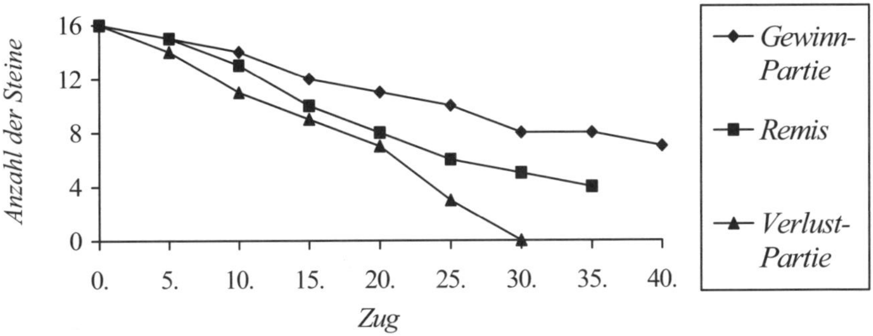

Fazit: Die Siegchancen in einer Partie reduzieren sich beim Abbau der Belegschaft!

Umstritten ist die betriebswirtschachliche Alternative zur Grundstellung:

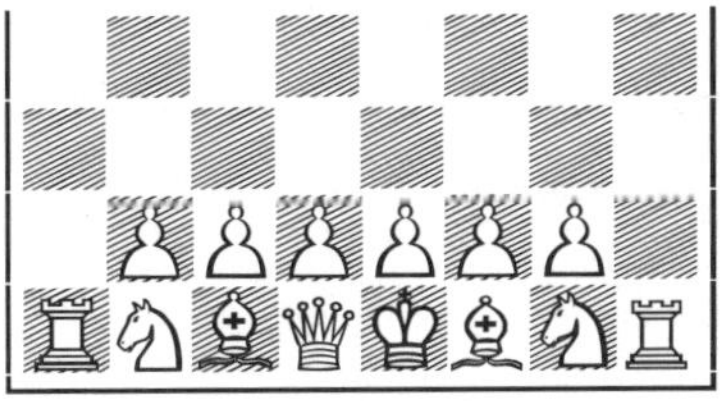

Überwiegen die Vorteile? Personalkosten zweier Bauern eingespart, halboffene Linie für die Türme, Luftloch für den König nach der Rochade.

Da man Mannschaftskollegen keine Tipps geben darf, schließt der moderne König die Abteilung für Verbesserungsvorschläge. Stattdessen gibt er für den Feierabend jedem Mitarbeiter auf den Weg: Es werden mehr Partien von Weiß gewonnen als von Schwarz. Schwarzarbeit lohnt sich also nicht!

Kapitel 9: Rund um das Schachspiel

Kapitel 9: Rund um das Schachspiel

Schach und andere Spiele

Würfelschach.

Schach-Märchen

Hänsel und Gretel verirrten sich im Wald, wo viele Räuberschachs sind. Da sah Gretel, die eine schöne Bauernkette um ihren Hals trug, en passant ein leckeres Lebkuchenhaus. Noch bemerkten die Kinder nichts von dem Ablenkungsopfer der alten Hexe, der das Haus gehörte. Doch als sie eintraten und vor dem Ofen standen, ahnten sie, dass hier viele Damen- und Herrengambits gespielt werden. Um den drohenden Erstickungsmatt zuvorzukommen, warfen sie die alte Hexe selbst in den Ofen, wo sie verbrannte: Denn sie war nicht Anderssens Unsterbliche.

Die Bremer Schachmusikanten.

Tischleindeckdich.

Die Schneekönigin.

König Drosselbart.

Aladin und die Wunderlampe.

Schachunterricht

Die Devise des rauchenden Schachspielers: Nach jedem Zug ein Zug.

Schachtraining ist kostenlos. Zum Glück ist es nicht immer umsonst.

„Heute habe ich mein Schach-Diplom abgelegt.“
„Ich bin auch Akademiker.“

„Warum spielen Sie kein Schach?“
„Das Spiel hängt mir zu hoch.“
???

„Ich glaube, Sie haben die Spielanleitung falsch herum gelesen!“

Schachlyrik

Zweiunddreißig Schachfiguren
haben nur ein einz'ges Ziel:
Den andren König patt zu setzen;
drum nennt man dies ein Patzerspiel.

Schach, das spielt man meistens immer
mit rechter oder linker Hand;
mit dem Kopf spielt man es selten,
denn dazu gehört Verstand.

„Die Stellung ist lustig!“
„Eher ver-lustig!“

Ein Springer-Zug.

In memoriam Heinz Erhardt

Das Brett ist lang, das Brett ist weit,
ein Springer steht da, sprungbereit.
Da kommt ein Turm von ungefähr,
ich glaub' c1, ich weiß nicht mehr.
Er schlägt den Springer ganz und gar,
das ist zwar traurig, aber wahr.
Das Brett ist lang, das Brett ist weit,
ein Springer stand da. Seinerzeit.

Ein Spiellokal

Beginn des Spielabends: After Eight.
Schach. Die zarteste Versuchung
seit es Spiele gibt.

Manches Spiellokal
ist ein großer Saal,
ein paar Menschen drin,
seh'n im Schachspiel Sinn,
sitzen still und ziehen nur
mit 'ner kleinen Holzfigur.
Freitags abends kommen sie,
spielen manche Schachpartie,
und erst gegen Mitternacht
wird der Saal dann dichtgemacht.

Bevor das Schachspiel erfunden wurde.

Kommen Sie ruhig zerknittert zum Spielabend, am Brett können Sie sich entfalten.

Schacheröffnungen

Weiß häufig mit e4 die Partie beginnt,
c5 – Sizilianisch – das weiß jedes Kind.
Hüpft dann der Springer nach f3,
d6 'ne gute Antwort sei.
Es folgt d4, gar keine Frage,
als Schwarzer weiß ich, dass ich schlage.

Und nimmt der Springer zurück nach d4,
den Springer auf f6 entwickeln wir.
Es deckt der Springer auf c3,
Schwarz ist dann mit g6 dabei.
Läufer e3 – das ist ein gutes Feld,
Schwarz seinen Läufer auf g7 stellt.
Nun, ist es nicht schön anzuschauen,
wie Schachspieler 'nen Drachen bauen?

Egal, welche Eröffnung Sie wählen:
Schach ist gar nicht so einfach –
wenn man es erst 'mal kapiert hat.

„12.000 Meter unter uns spielt gerade einer Blackmar-Diemer-Gambit!“

„Wenn Du den Zug machst, dann ist es Chinesisch!“

Manche Schachspieler, die eine neue Eröffnung spielen, kündigen diese mit einer Eröffnungsrede an. Hier sind die versammelten Zuhörer bereits zum nächsten Programmpunkt übergegangen, zur Eröffnungsfeier.

Es gibt einige Menschen, die sich für recht gute Schachspieler halten, aber es nicht sind. Einem dieser „Könner“ seine Grenzen aufzuzeigen, hatte sich ein Freund zum Ziel gesetzt. Er forderte den „Könner“ zu einer Schachpartie heraus. Dass dabei mein Freund mit einem Bauern drei Schritte auf einmal zog, störte den „Könner“ ebenso wenig wie ein Doppelschritt des Königs. Erst als der „Könner“ mit dem Zug Springer c1-a3-b5-c3-d5 konfrontiert wurde, zweifelte er doch an dessen Korrektheit. Daraufhin holte der Freund ein Schachbuch, das ihm als Argumentationshilfe gegen ungläubige Spielpartner dient, schlug eine bestimmte Seite auf und sagte zu dem Könner: „Siehst Du, hier steht ´s! Was ich eben gespielt habe, war das Vierspringerspiel!“ Der Anfänger war ´s zufrieden.

Ab dem 20. Zug werden Eröffnungsfehler seltener.

Multiple Chess Test

1.) Was tun Sie vor Turnierbeginn?
- Knoblauch essen.
- Die Schachbibliothek auf der Toilette / im Auto platzieren.
- Den Fotografen für das Siegerbild bestellen.

2.) Welches Aufwärmtraining betreiben Sie vor einer Partie?
- Bocksprünge über die acht Bauern.
- Staffellauf mit den beiden Läufern.
- Dressurreiten auf einem der beiden Springer.

3.) Wo geht es um Figuren, Kombinationen, Felder und guten Stellungsaufbau?
- Eiskunstlauf.
- Turmspringen.
- Square Dance.

4.) Wo machen Sie in diesem Jahr Urlaub?
- Am Königsee.
- Auf dem Matterhorn.
- Auf der Zugspitze.

5.) Welche Popmusik bevorzugen Sie bei einer Partie?
- Free-Chess von Miles Davis.
- Ein Stück von Matt Bianco.
- Je nach Farbe „White Christmas" oder Black Föös.

6.) Ihre Schachpartnerin hat Geburtstag. Welche Blumen schenken Sie?
- Wenn sie erfolglos spielt, eine Vergiß-Matt-Nicht.
- Wenn sie eine Weiß-Spielerin ist, einen Strauß Edelweiß.
- Wenn ihr eine gute Idee fehlt, eine Orch-Idee.

7.) Schachspielende Umweltaktivisten...
- stehen politisch links und stellen deshalb die Uhr auf die linke Seite.
- stellen bei einer Blitzpartie die Uhr auf 5 vor 12.
- spielen am liebsten Gartenschach.

8.) Was essen Sie nach einem Mannschaftskampf?

- Eine kleine oder große Roulade.
- Einen Läuferspieß mit einem Bauernomelette.
- Als Vegetarier bevorzugen Sie die Grünfeld-Variante.

9.) Bei welchem Wetter spielen Sie am liebsten Schach?

- Unter dem Einfluss eines Tiefaus-Läufers.
- Bei gedecktem Himmel und teilweißen Niederschlägen von Figuren.
- Bei nur vereinzelten Zu-Schauern.

10.) Worauf achten Sie beim Kauf eines neuen Schachspiels?

- Auf die Ersatzteilversorgung: Werden weitere Damen mitgeliefert?
- Auf weitere technische Unterlagen neben dem Spielbrett.
- Auf einen guten Service: Gibt es einen Vertrag bezüglich der Instandsetzung oder muss man für eine neue Partie die Figuren selbst wieder aufstellen?

11.) Welcher Schachbegriff ist hier dargestellt?

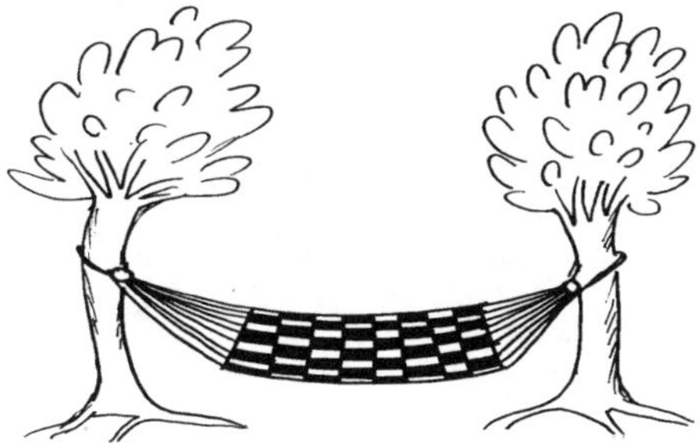

- Hängepartie.
- Elastische Stellung.
- Mattnetz.

12.) Was machen Sie, wenn während des Mannschaftskampfes der ABC-Alarm ertönt?

- Sie müssen weiterspielen, da Hängepartien nicht mehr möglich sind.
- Sie holen eine Tube Senf und besenftigen ihre panischen Mitspieler.
- Sie wissen, dass die Russen kommen, und hoffen dass Anatoli Karpov für ein Autogramm auch dabei ist.

13.) Wo finden Sie in der Zeitung Meldungen über Schach?

- Bei der Werbung: „Das Bundesgesundheitsamt warnt: Schach gefährdet Ihre Gesundheit. Ein Spiel dieser Marke enthält durchschnittlich 13 mg vergiftete Bauern und zu 0,3% ein ersticktes Matt.".
- Auf der Verbraucherseite: „Wie Sie Ihr Auto am besten verschachern.".
- Beim Polizeibericht: "Um schachdienliche Hinweise bittet die Kripo.".

14.) Welcher Schachbegriff ist auf diesem Foto festgehalten?

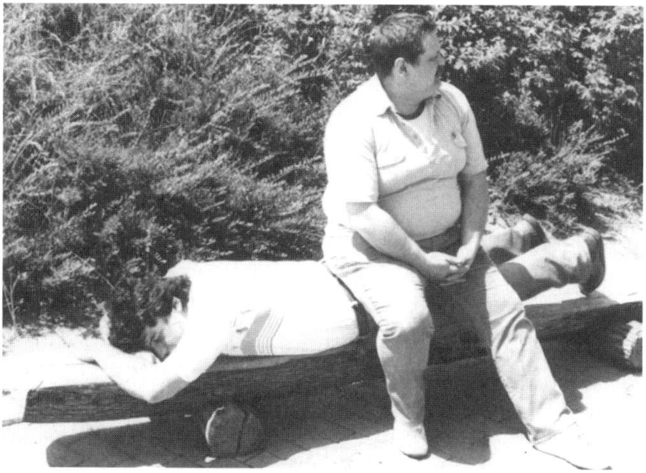

- Ersticktes Matt.
- Überlastete Figur.
- Positionsvorteil.

„Dieses Schachbrett ist 100 Jahre alt!"
„Woher wissen Sie das?"
„Vor 10 Jahren war es 90 Jahre alt."

Heiße Partien

Heiße Partien auf dem Vulkan: Erst Kletterpartie, dann Zitterpartie.

Peep-Schach.

Wenn Schachspieler keine Zeit haben

„Was heißt hier, die Geisterstunde ist zu Ende? Die Partie wird fertig gespielt!"

Wütende Schachspieler, die unglücklich auf Zeit verloren haben, nehmen in ihrem Zorn kein Blättchen vor den Mund.

„Wenn das Blättchen gefallen ist, wer hat dann gewonnen? Derjenige, der die meisten Züge gemacht hat?"

Wer immer in Zeitnot kommt, bucht auch seinen Urlaub „Last Minute".

Schachuhren

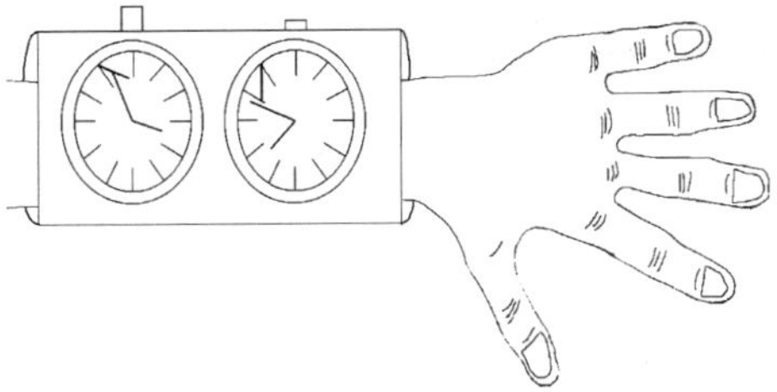

Modetrend: Die Armbandschachuhr.

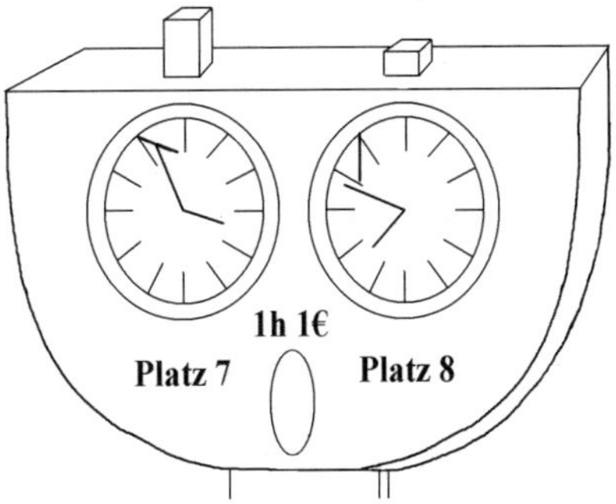

Die Parkschachuhr.

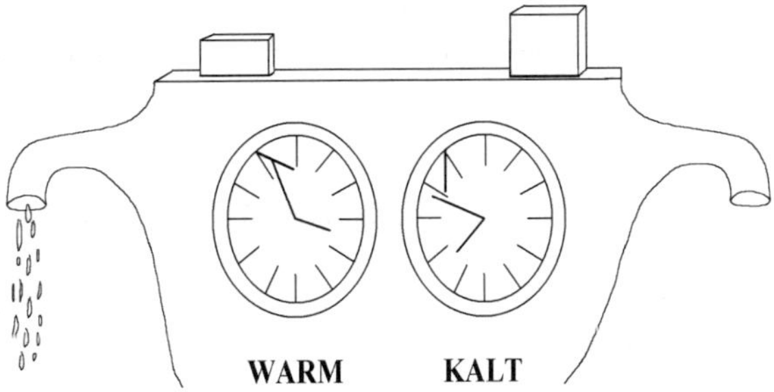

Die Wasserschachuhr.

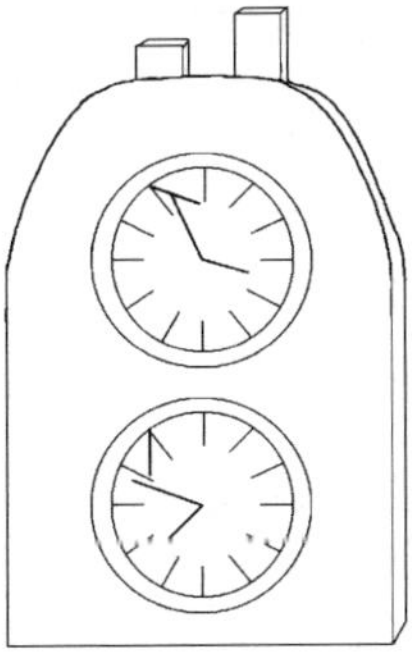

Die Eierschachuhr.*

**: Zwei Uhren, weil Schachmannschaften an dem Wochentag spielen, an dem das Huhn zwei Eier legt: „...ich lege jeden Tag ein Ei und sonntags auch 'mal zwei."*

Das gegnerische Team hat acht Eier gelegt. Wir haben sie in die Pfanne gehauen.

Oft vergessen Schachspieler, die Schachuhr auf Sommerzeit umzustellen.

Schach spielen ist strafbar!

Staatsanwaltschaft beim Oberlandesgericht Schachbrücken

Anklageschrift

Der Bauer Hermann Matt, geboren am 5.5.1955 im Mattsee/Österreich, wohnhaft in Königstein, verheiratet, einschlägig vorbestraft

Verteidiger: Alexander Aljechin, Aaron Nimzowitsch

wird angeschuldigt,

er habe in rechtlich einer Handlung

1. einen Angriff auf das Leben eines ausländischen Staatsoberhaupts begangen, während sich der Angegriffene in amtlicher Eigenschaft im Inland aufgehalten habe,
   indem er mit Unterstützung der Bauern F., G. und H. den König der Schwarzen gewaltsam attackierte, sodass dieser um sein Leben fürchten musste,

2. einen Gefangenen befreit,
   indem er seiner eingesperrten Dame eine Rückzugsmöglichkeit verschaffte,

3. einem anderen eine fremde bewegliche Sache in der Absicht weggenommen, dieselbe sich rechtswidrig zuzueignen,
   indem er den schwarzen Springer seines Gegenübers an sich nahm, um ihn für sich zu behalten,

4. andere rechtswidrig mit Gewalt zu einer Unterlassung genötigt,
   indem er die zentralen Felder seines Gegenübers blockierte, um diesen in seiner Bewegungsfreiheit einzuengen,

5. widerrechtlich einen Menschen auf andere Weise des Gebrauchs seiner persönlichen Freiheit beraubt,
   indem er den Bauern G. fesselte,

6. einen anderen körperlich misshandelt,
   indem er den Bauern F. schlug,

7. eine andere Person durch eine exhibitionistische Handlung belästigt,
   indem er seine Königsstellung entblößte, und sein Gegner daran Anstoß nahm, und

8. er sei in das befriedete Besitztum eines anderen widerrechtlich eingedrungen,
   indem er die zuvor von seinem Gegenüber geräumten Felder ohne dessen Einwilligung besetzte.

Vergehen des Angriffs gegen Organe und Vertreter ausländischer Staaten, Vergehen der Gefangenenbefreiung, Vergehen des Diebstahls, Vergehen der Nötigung, Vergehen der Freiheitsberaubung, Vergehen der Körperverletzung, Vergehen der exhibitionistischen Handlung, Vergehen des Hausfriedensbruchs in Fortsetzungszusammenhang stehend gemäß §§ 102, 120, 242, 240, 239, 223, 183, 123, 52 StGB.

König
(Staatsanwalt)

Schach spielen ist also strafbar!

Die Schach-Polizei informiert

In einer Villa kam es gestern Abend zu einem versuchten Damenangriff. Die bedrohte Frau, deren Mann gerade in einer Hängepartie faulenzte, suchte im Kamin Schutz, wo sie im Abzugsschach hängen blieb: Sie hatte nicht auf ihre schlanke Grundlinie geachtet.

Gestern kam ich müd' nach Haus',
durchwühlt, so fand ich mein Gemach.
Ein Schachbrett, sah ich, fehlte mir:
Jetzt spielt wohl jemand Räuberschach.

Die Polizei unterbindet üblen Schachbernack.

Vorsicht, Falschspieler!

Die Polizei warnt vor Neppern, Schleppern, Bauernfängern.

Umweltschutz beim Schachspiel

Für den Umweltschutz sollten Schachspieler...

Recycling die Schachfiguren mehrfach verwenden und die Ein-Weg-Figuren entfernen.

Waldsterben den deutschen Wald, insbesondere die Buchen, schützen und nur bei Turnieren ohne Buchholzwertung teilnehmen.

Treibhauseffekt bei Blitzturnieren die Geschwindigkeitsbegrenzung 130 Züge pro Minute einhalten.

Ozonloch aufgrund der Vergrößerung des Loches in der Ozonschicht auf zusätzliche Luftlöcher auf h2 und h7 verzichten.

Katalysator alle Schreibutensilien auf bleifrei umrüsten.

Problemabfälle die Formulare der schlechtesten Turnierpartien auf einer Sondermülldeponie lagern.

Schach-Horoskop

Schauen Sie in die Zukunft und schreiben Sie das Folgende in die Sterne:

Steinbock (22.12.-20.1.) Sie werden auch im kommenden Monat Böcke schießen. Nicht nur mit einem Stein.

Zwillinge (21.5.–21.6.) Beim nächsten Schachturnier verlieren eineiige Zwillinge nur ein Spiel, zweieiige zwei.

Jungfrau (24.8.–23.9.) Die Regel lautet: Berührt – Geführt. Sie sind noch unberührt; kein Wunder also, dass Sie nie bei einem Turnier führen.

Was zeichnet eine Schach-Stadt aus?

- Schachstädte haben nur einen Oberbürgermeister, aber viele Könige!
- Größere Städte sind zwar kreisfrei, zum Glück aber nicht quadratfrei!
- Es gibt viele Autos, aber auch viele Läufer und Pferde!
- Früher gab es viele Türme, auch heute gibt es noch genügend davon!
- Es arbeiten wenige Menschen in der Landwirtschaft, aber Bauern sind genügend da!

Der Schachsteinfeger.
Er arbeitet in Schachfeld, Krefeld und Bielefeld.

Was zeichnet ein Schach-Land aus?

Der Deutsche Schachbund leistet seinen Beitrag zur Entwicklungshilfe. In Kooperation mit der Bundeswehr wurde ein Flugzeug des Typs „Tornado“ umgerüstet, um über Ländern der Dritten Welt Schachfiguren abzuwerfen und somit dieses Spiel auch dort populär zu machen. Dies ist ein doppelt wertvoller Beitrag, denn erstens dient Schach der Charakterbildung und zweitens wirkt es in seiner Eigenart als Sportdisziplin völkerverständigend.
Hier ein Archivfoto:

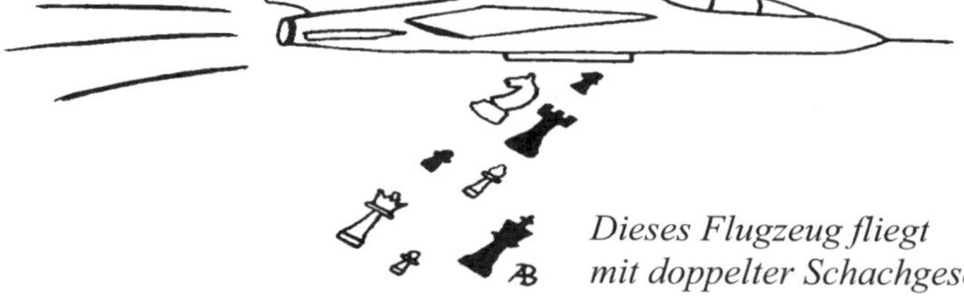

Dieses Flugzeug fliegt
mit doppelter Schachgeschwindigkeit.

Woher der Begriff

„Schweizer System"

stammt, konnte uns der Schweizer Schriftsteller Friedrich Dürrenmatt (unter anderem bekannt durch sein Stück „Der Besuch der alten Dame") auch nicht genau sagen. Aber er gab uns 15 Tipps:

1) Alp Sellamatt
2) Andermatt
3) Angstmatthorn
4) Escholzmatt
5) Kloster Königsfelden
6) Matt
7) Mätteli
8) Matten
9) Matterhorn, kleines Matterhorn und Zermatt
10) Mattmarksee
11) Mattstock
12) Riedermattenpass
13) Rorschach
14) Stein am Rhein
15) Zug und Zuger See

Die Figuren reicher Schweizer sind aus Bern-Stein.

Worüber sich selbst Schachspieler wundern

General I *General II* *General III*

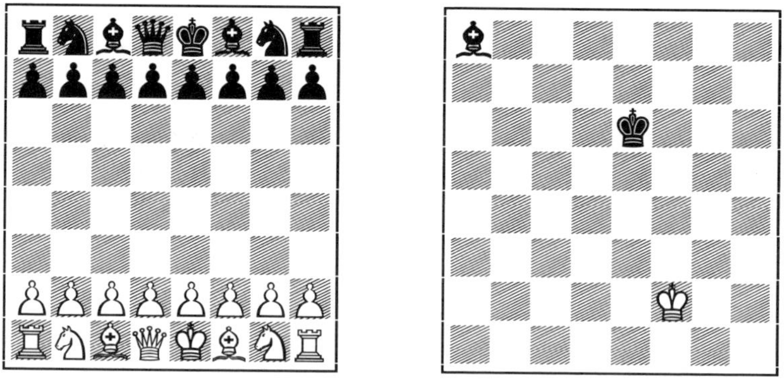

Hätten Sie gedacht, dass die Partie so endet?

Warum heißen die Türme und Damen Schwerfiguren, aber die Läufer und Springer Leichtfiguren, wo doch weder die Gangart des Springers noch das Mattsetzen mit Springer und Läufer leicht zu verstehen ist?

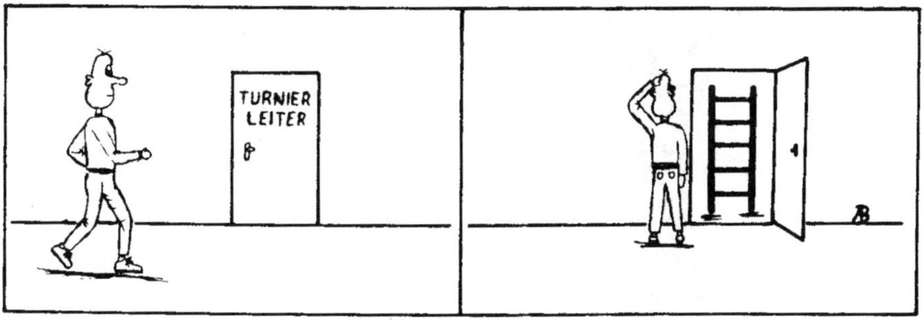

G8-Gipfel.

„Kann mir einer erklären, warum das Schachbrett 64 Felder hat, wenn es nur 32 Figuren gibt?“

Denkmäler und Denkwürdiges

Hagen versenkt den Nibelungenschatz.

Schach ist das Spiel der Denker, denn gute Züge sind denkwürdige Züge, das Partieformular ist eine Denkschrift und die Nebenwirkungen des Schachspiels sind völlig unbedenklich.

Spielen Sie lieber Schach oder lieber Skat?

- Spielen Sie lieber mit zwei Königen oder mit vier Königen?
- Spielen Sie lieber mit 16 Bauern oder mit vier Bauern?
- Spielen Sie lieber mit zwei Damen oder mit vier Damen?
- Spielen Sie lieber mit 32 Steinen oder mit 32 Karten?
- Spielen Sie lieber Schach oder lieber Skat?

Streikende Bauern: Wie sich Schachfiguren die Zeit vertreiben.

Die verschiedenen Arten des Schachspiels

Mit 32 Figuren steht beim Schach immer viel auf dem Spiel. Dennoch gibt es kleine, aber feine Unterschiede:

- Eine Partie in einem kleinen Raum ist ein Kammerspiel.
- Eine Partie bei einem großen Turnier ist ein Gesellschaftsspiel.
- Eine Partie mit einem langsamen Spieler ist ein Geduldsspiel.
- Eine fast verlorene Partie zu gewinnen ist ein Glücksspiel.
  (aber eine gewonnene Partie zu gewinnen ist nicht immer ein Kinderspiel.)
- Eine Partie mit der Freundin zu spielen ist ein Lustspiel.
- Eine Niederlage zu analysieren ist ein Nachspiel.

...und Partien mit festgeklebten Figuren spielt man bei Festspielen, z. B. bei den Bayreuther Festspielen.

Das ideale Weihnachtsgeschenk für den passionierten Schachspieler.

Mattgedanken

- Wie heißt der frühere Kapitän der Schach-Nationalmannschaft? Lothar Matthäus.
- Was isst der erfolgreiche Schachspieler? Mattsipan.
- Wie heißt die Wissenschaft vom erfolgreichen Schachspielen? Mattemattik.
- Wie nennt man einen erfolgreichen Schachspieler? Matterialist.
- Mit welchem Instrument wird ein Sieg verkündigt? Mit dem Matterhorn.
- Wie heißt die erfolgreichste Schachspielerin? Matthilde.
- Welche Blumen mag sie besonders? Mattrosen.
- Wo wird über Schach berichtet? Auf der Mattscheibe.
- Was benötigt man, um sich auf den Gegner vorzubereiten? Informattionen.
- Wie spielen tschechische Schachspieler? Prag-mattisch.
- Wie gewinnt ein Schachcomputer? Automattisch.
- Auf was freut sich ein Spieler im Schachurlaub? Auf die Animattionen.
- Was kommt, wenn der Gegner zu Unrecht „Matt" sagt? Eine Reklamattion.
- Wie gewinnt man, falls man mit einem Reiseschachspiel unterwegs ist? Im Taschenbuchformatt.
- Was werfen die Mannschaftskollegen, wenn man verliert? Tomatten.
- Wo ruht man sich nach einer Schachpartie aus? Auf der Mattratze.

Hier die korrekte Schreibweise: Marzipan, Mathematik, Materialist, Mathilde, Matrosen, Informationen, pragmatisch, automatisch, Animation, Reklamation, Taschenbuchformat, Tomaten, informativ, Matratze.

„Jeden Tag 'ne gute Tat, heute setz' ich meinen Gegner matt."

MATT

...aber wie wär's mit einer neuen Partie?

Schachbegriffe

A

Der **Abgabezug** ist der Zug, der einen schon sicher geglaubten Punkt abgibt.

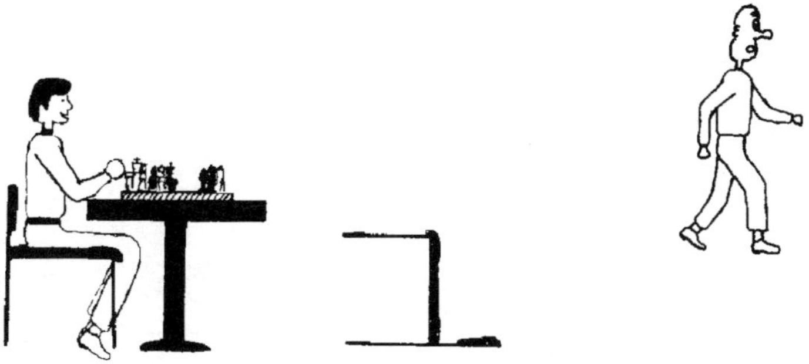

Schachspieler, die nach einer verlorenen Partie das Weite suchen, wählen die **Abtauchvariante**.

Der **Abzug** kommt nicht von der Redewendung „Den Gegner abziehen“, es handelt sich dabei auch nicht um den schwarzen Abzugsnachteil (das Pendant zum weißen Anzugsvorteil), sondern es ist ein verdecktes Schach, das dann wirkungsvoll ist, wenn man nicht gerade gegen Schornsteinfeger spielt. Die wissen nämlich, wie man Abzüge bereinigt.

Die **Analyse** bestimmt die chemische Zusammensetzung der Schachfiguren. In der Analyse wird aus einer Kombination eine Rekombination.

Anderssens Unsterbliche ist die Liebe zu seiner heimlichen Geliebten.

Die **Arche-Noah-Falle** war eine böse Überraschung für alle altertümlichen Schachtiere, die mit Ausnahme der Pferde nicht mit auf die Arche durften.

Der **Ausgleich** nach einem anstrengenden Schachmatch ist das Faulenzen in der Hängepartie oder das Wippen auf der Remisschaukel.

B

Ein **Bauernzug**.

Die **Bedenkzeit** ist die Zeit sonntags zwischen 10 und 16 Uhr.

Berührt-Geführt ist eine sinnvolle Schachregel, denn nur einer, der seine Schachfiguren berührt, kann auch im Turnier führen. Auch umgekehrt wird ein Schuh daraus, denn eine schöne Partie kann dazu führen, dass ein Spieler von ihr ganz berührt wird (Und wer die Uhr berührt hat, muss mit der Uhr ziehen.).

Eine **Blockade** gibt es ab und zu bei Schachdemonstrationen.

Das **Blumenfeld-Gambit** ist beim Gartenschach eine Untervariante der Grünfeld-Indischen-Verteidigung. Allerdings ist mit dem Blumenfeld-Gambit kein Blumentopf zu gewinnen.

C

Caissa ist neben der Chessica der häufigste Name unter den Töchtern von Schachspielern.

D

Dauerschach ist ein 24h-Blitzturnier.

Demaskieren müssen sich Schachspieler bei Schachdemonstrationen seit dem Vermummungsverbot immer dann, wenn sie sich vor dem **Demonstrationsbrett** in Schweigen gehüllt hatten.

Doppelschach ist ein anderes Wort für Tandemschach.

Einen **Dreiecksmarsch** unternimmt der König, wenn er eine Dreiecksgeschichte mit zwei Damen hat.

Das **Dreispringerspiel** ist der Zeitvertreib der olympischen Dreispringer.

E

Einstellen muss man die Schachuhr. Sich selbst gut auf die Partie einstellen ist aber ebenfalls wichtig.

Die **Elo-Zahl** ist ein Maß der eigenen Eloquenz.

F

Ein **Fernschach** ist ein Schachgebot von der ersten auf die achte Reihe beziehungsweise von der a-Linie auf die h Linie oder jeweils umgekehrt.

G

Auf **Gabeln** hofft ein Springer. Springer, die mehr als eine Gabel geben, sind Gabelstapler; Springer, die behaupten, in einer Partie mehr als 15 Gabeln gegeben zu haben, sind Hochstapler.

Eine **geschlossene** Stellung hat meist immer noch einen offenen Spielausgang.

Glanzpartien spielt man mit Meister Spieler:

Meister Spieler putzt die Gegner, dass man sich nur wundern kann.
Meister Spieler. Mit der Geistesfrische.

Ein **Großmeister** ist das Gegenstück zum weniger gut Schach spielenden Kleingeist.

Die **Grundstellung** heißt nicht ohne Grund Grundstellung, denn sie wird meist am gründlichsten aufgebaut.

H

Hängen oder besser Herumhängen tun Schachspieler in Schachcafes.

Die **Hängepartie** ist die Partie, die sie dort gerade spielen.

Das **harmonische Zusammenspiel** der Figuren nach der Harmonielehre gelingt leicht, da die Reihen und Linien des Schachspiels entsprechend der Musik definiert sind mit den Noten von a bis h beziehungsweise den Oktaven von 1 bis 8.

Nicht alle Springer strahlen wie ein **Honigkuchenpferd**.

I

Ein **IM** ist ein Inoffizieller Mitarbeiter der Berufsgenossenschaft der Schach-Sicherheit.

K

Eine **Kaffeehauspartie** ist eine gute Partie, die man im Kaffeehaus kennen lernt.

Das **Kandidatenturnier** um die gute Partie des Kaffeehauses ist der Konkurrenzkampf aller, die sie ebenfalls gesehen haben.

Ein **Kiebitz** ist ein schwarzweißer Sumpfvogel mit einer weißen Haube – daher die Verbindung zum Schach.

Eine **Kurzpartie** spielt ein kleinwüchsiger Schachspieler.

Die **Kuckucksschachuhr**.

L

Eine **Linie** ist das, was man in sein eigenes Spiel bekommen will.

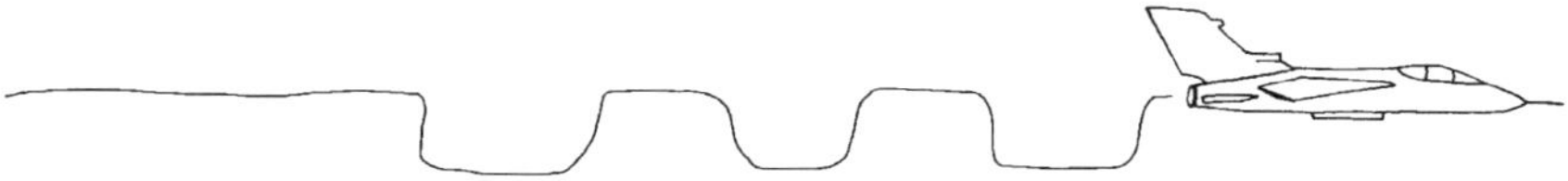

Piloten beklagen,
dass Schachspieler viele
Luftlöcher machen.

M

Unfall oder Mord? **Matt** im Königssee.

Mattbild ist das Boulevardblatt der deutschen Schachkritiker.

Im **Mattnetz** liegt man während einer Hängepartie.

Mattprobleme sind problemattisch.

N

Die **Nebenlösung** beschreibt, wie der Brettnachbar seine Probleme meistert.

Die **Notation** der Züge ergänzen manche Spieler um die Zeitnotation, die Ursache der eigenen Zeitnot, wie es der Name schon sagt.

O

Offene Spiele sind Eröffnungsvarianten, bei deren Wahl die Mannschaftskollegen nicht mehr geschlossen hinter einem stehen.

Das **Orthodoxe Damengambit** ist das Gegenstück zum paradoxen Königsgambit, das deswegen paradox ist, weil ein Königsopfer nie zum Gewinn führt.

R

Den **Rand** sollten alle Kiebitze halten, die am Rand des Brettes stehen. Dass sie am Rand stehen, ist leider keine Randerscheinung.

Die Schieb-Lehre ist die Schachlehre für **Remisschieber**.

Die **Rochade** wirft ihren Schatten voraus.

Schachspieler versuchen in der **Rubinsteinvariante**, den Gegner mit einem Schmuckstück zu bestechen.

Das **Rutschsystem** kann durch Magnetschach vermieden werden.

S

Mit **schablonenhaftem Spiel** versuchen manche, ihren Gegner auszustechen.

Die **Schachspalte** einer Zeitung ist zumeist nur an einem Tag der Woche an der Reihe, während umgekehrt die Kritiken mancher Schachbuchreihen nicht nur an diesem Tag gespalten sind.

Der **Schäferzug** gelingt nur dann, wenn der Gegner ein Schäferstündchen hält.

Ein **Scheinangriff** ist ein Banküberfall.

Das **Scheinopfer** ist die Geisel des Euro-Scheine-Angreifenden.

Ein **Schnellturnier** ist ein Turnier, das aufgrund geringer Beteiligung schnell beendet ist.

Der **Schönheitspreis** geht immer an die schönste Turnierteilnehmerin.

Beim **„Schweizer System"** wählen die Figuren ihre Züge basisdemokratisch per Volksentscheid.

Schwerfiguren müssen auf ihre Figur achten.

Das **Seekadettenmatt** spielt man nicht mit Springern, sondern mit Seepferdchen.

Schwarze **Springer**, die im Alter weiße Haare bekommen, könnten mit weißen Springern verwechselt werden.

Ein **stiller Zug** gelingt, wenn Brett und Figur gut geölt sind.

T

Mit **Tempo** ist eine Blitzpartie zu spielen.

Ein **Thema-Turnier** ist ein Turnier, bei dem sich alle Spieler über das gleiche Thema unterhalten, zum Beispiel über den schlechten Turnierleiter. Dabei beschweren sich manche Schachspieler über ihn, in dem sie sich Gewichte über die Schultern hängen.

U

Eine **Überlastung** des Schachbretts gibt es dann und wann durch Schwerfiguren.

Eine **Umgehung** der Tische wird von Spielern vorgenommen, die schauen wollen, wie ihre Mannschaftskameraden stehen. Wobei die gar nicht stehen, sondern sitzen.

Ein **unmöglicher Zug** ist ein Zug, den die Kameraden einfach unmöglich finden.

Eine **unregelmäßige Eröffnung** spielt man nicht regelmäßig.

V

Eine **Verwicklung** ist eine Form der Fesselung.

Dieser Spieler erkennt bei „Wetten, dass...?“ die Stellung mit dem größten **Vorteil** allein am Geruch der Figuren.

W

Die **Wertung** einer Schachpartie setzt sich zusammen aus dem Pflichtprogramm bezüglich der Qualität der Züge und der Kür bezüglich der Form der Zugausführung.

Wunderkinder im Schach sind Heranwachsende, die sich über das schlechte Spiel der Erwachsenen wundern. Wunderkinder erkennt man daran, dass sie schon als Babys gerne Bäuerchen machen.

Z

Die **Zeitkontrolle** findet sonntags um 16 Uhr durch die Ehefrau statt.

Die **Zugwiederholung** wird denjenigen Spielern gezeigt, die gerade nicht aufgepasst hatten.

„Schachmatt!“

Neben den Autoren
Stefan Ragus, Jörg Berkes und Achim Berkes

haben insbesondere Eva Gillmann und Eva Miller mitgewirkt.

Mit von der Partie waren weiterhin
Ernst Bachl, Jürgen Bayer, Sabine Berkes-Junker,
Helmut Blüm, Jörg Dobmeier, Sinje Ebbecke,
Stephan Finger, Stephan Hübner, Markus Junker,
Erwin Lamprecht, Felix Schnellbacher und Karl-Heinz Spahn.

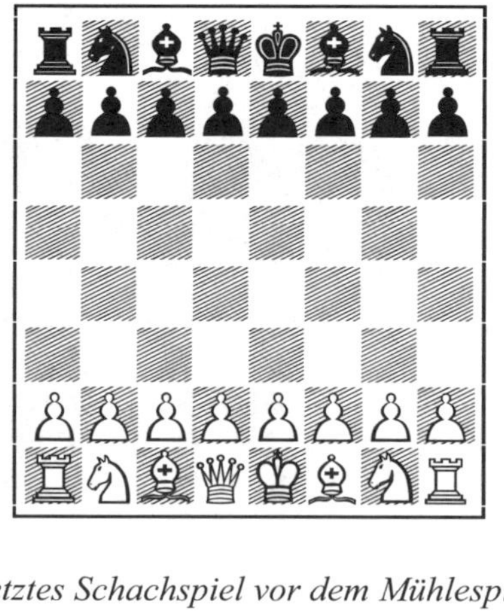

Letztes Schachspiel vor dem Mühlespiel.